NO VOY
A MENTIR

NO VOY A MENTIR

Y otras mentiras que dices cuando cumples 50 años

GEORGE LOPEZ

con Alan Eisenstock

A CELEBRA BOOK

Celebra
Published by the Penguin Group
Penguin Group (USA) Inc., 375 Hudson Street,
New York, New York 10014, USA

USA | Canada | UK | Ireland | Australia
New Zealand | India | South Africa | China
Penguin Books Ltd., Registered Offices:
80 Strand, London WC2R 0RL, England

Published by Celebra, a division of Penguin Group (USA) Inc. Published
simultaneously in a Celebra hardcover English-language edition.

First Printing (Spanish Edition), May 2013
10 9 8 7 6 5 4 3 2 1

Celebra Spanish-edition Trade Paperback ISBN: 978-0-451-41713-8

THE LIBRARY OF CONGRESS HAS CATALOGED
THE ENGLISH-LANGUAGE G-IN-PUBLICATION DATA:

Lopez, George, 1961–
   I'm not gonna lie, and other lies you tell when you turn 50/George
Lopez, with Alan Eisenstock.
     p.   cm.
   ISBN 978-0-451-41710-7 (hardback)
 1. Lopez, George, 1961–   2. Comedians—United States—
Biography.   3. Television actors and actresses—United States—
Biography.   4. Hispanic-American comedians—Biography.
5. Hispanic-American television actors and actresses—Biography.
6. Aging—Humor.   I. Eisenstock, Alan.   II. Title.
   PN2287.L633A3 2013
   792.702'8092—dc23   2012045899
   [B]

Set in New Baskerville
Designed by Spring Hoteling

A mi hija, Mayan, la luz de mi vida.

CONTENIDO

CONTENIDO

NO VOY
A MENTIR

INTRODUCCIÓN:
CONTANDO CALLES

¡LO hice!

Llegué al número.

Increíble.

¡Cumplí cincuenta!

Sin duda, mi cumpleaños más importante.

No estoy mintiendo. Llegar a los cincuenta significó mucho para mí.

Para empezar, significó que no estaba muerto.

La mayoría de la gente subestima el cumplir cincuenta años. Yo no. Casi me muero cuando tenía cuarenta y cuatro años. De una enfermedad renal. Sobreviví, pero fue una situación crítica hasta el final. De hecho, me gusta llamar a mis cuarenta una década crítica. Fui bendecido con mucho éxito, incluyendo un Premio ALMA para la trayectoria en televisión, dos nominaciones a los premios Grammy y una comedia que duró seis años. Pero también recibí un trasplante de riñón, pasé por un divorcio y me cancelaron dos programas televisivos.

Así que, sí, en ocasiones mi década de los cuarenta fue dura. Pero si tuviera que elegir una década en la que estuve más nervioso, sería la primera, también conocida como mi infancia. Hablando de un comienzo inestable: mi padre me echó un vistazo y me dejó. Eso no es cierto. Esperó dos meses enteros y luego se fue. A mi madre le tomó más tiempo. Ella lo intentó, pero era joven, estaba llena de problemas y no estaba preparada para ser madre, por lo que me dejó con mis abuelos cuando yo tenía diez años.

Crecí con un constante temor a la muerte. Estaba muerto de miedo de molestar a mi abuela. Por alguna razón, ella siempre estaba alterada. No importa lo que ella estuviera haciendo mañana, tarde o noche, si me acercaba a ella y comenzaba a hablarle, ella decía:

—¿Y ahora qué?

Esa era su frase típica. No importaba lo que yo le dijera.

—Hola, abuela.

—¿Y ahora qué?

Nunca "¿Sí? ¿Qué pasa? ¿Qué puedo hacer por ti?".

No. Ella decía:

—¿Y ahora qué?

Y yo me sentía intimidado y decía:

—Me olvidé.

Entonces ella decía:

—Bueno, si te olvidaste, seguro que era una mentira. Porque uno nunca se olvida de la verdad.

Mi abuela tenía razón. Por eso no voy a mentir. No más. No a mi edad. No tengo tan buena memoria.

Pensando en mi infancia, mi abuela no me hacía la vida fácil porque todo con ella era un trabajo.

—¿Abuela?

—¿Y ahora qué?

—¿Me das dos dólares?

—¿Para qué?

—Eh... yo... necesito dos dólares.

—¿Para *qué*?

—Para comprar un auto.

Ojalá hubiera sido lo suficientemente inteligente o valiente para haber dicho algo así, pero no lo era. Puedo pretender que era así de rápido:

—¿Abuela, me das un dólar?

—¿Para qué?

—Para ir a la universidad.

Sí, caminé en puntillas mucho durante mi infancia, pero tuve buenos momentos también. Sin embargo, a pesar de que me sentí más nervioso que nunca en mis primeros años, mi peor década fue sin duda de los años cuarenta a los cuarenta y nueve. Estuve muy contento de ver esa década llegar a su fin. Pasé todo mi año número cuarenta y nueve esperando que el calendario pasara a ese número mágico.

De hecho, mientras más cerca estaba de cumplir cincuenta, mejor me sentía. Era casi como si las nubes se disiparan. Sí, experimenté un poco de miedo y ansiedad. Pero sobre todo me sentí emocionado. Luego, alrededor de una semana antes de mi cumpleaños una sensación de calma se apoderó de mí. Sabía que lo iba a lograr. Estaba tan listo.

La noche antes del gran día, volé a Las Vegas y me alojé en mi hotel favorito. Tuve una cena agradable y tranquila con un par de amigos y me fui a acostar temprano. Estaba tan emocionado por mi fiesta que no podía dormir. Traté de contar ovejas, pero eso nunca funciona. Siempre parezco evocar unas ovejas grandes, desagradables y beligerantes. Les digo que salten lentamente por encima de la cerca imaginaria pero se niegan. Me miran con odio. Esa primera oveja se ve del tamaño de Babe, el Buey Azul. Me mira y le empieza a salir humo del hocico, y me dice en español: "Chinga ese puto". Luego hace que todas las demás me rodeen como una pandilla de ovejas y se me echen encima, estrellándose directamente contra la cerca.

Olvídate de las ovejas. Yo necesitaba algo más relajante.

Coches. Amo los coches. Cerré los ojos y pensé en todos los coches que había tenido en mi vida.

Me acordé de uno de mis primeros coches, un cacharro viejo que sonaba como si tuviera un enfisema cada vez que yo pisaba el acelerador. Esa era sólo una de sus peculiaridades. Ese coche me volvía loco. En primer lugar, nunca se apagaba cuando lo apagabas. Simplemente seguía en marcha, como si estuviera vivo. Rugía y chillaba y el capó se sacudía como si al coche le estuviera dando un ataque. Yo levantaba el capó y miraba el motor, asintiendo con la cabeza y señalando como si supiera exactamente lo que estaba haciendo, aunque no tenía idea. Otros chicos se reunían alrededor y todos asentían y apuntaban al motor también. Ellos tampoco sabían nada. Todos simplemente asentíamos y apuntábamos hacia el carburador y la batería y las mangueras como si fuéramos un equipo de mecánicos. Eventualmente, el coche se detenía por sí solo. Todos nos alejábamos, aún asintiendo con la cabeza como si lo hubiéramos arreglado, diciendo un montón de basura inventada sobre coches.

—Sí, ves, yo sabía que iba a suceder. Queda aire atrapado en las válvulas conductoras de aire y hace que la tapa del motor se virtisifique...

—Definitivamente. Además, el interruptor de encendido amortigua la presión...

—Oh, por supuesto. Además una burbuja de gas se chinga la manguera de aire...

—Eso te estropearía...

El coche también tenía otros problemas. Sólo tocaba una estación de radio (de música polka) porque las perillas se la pasaban cayendo. Ah, y los espejos laterales se sostenían con cinta aislante. Y las cerraduras no funcionaban, así que cada vez que me metía al coche estaba seguro de que encontraría algún loco de mierda viviendo en el asiento trasero.

¿Sabes qué? Olvídate de contar coches para conciliar el sueño.

Entonces di con él.

El objeto perfecto.

Campos de golf.

Decidí imaginarme caminando por todos los hermosos campos en los que había jugado. He jugado en la mayoría de los mejores campos del mundo. Sabía que iba a funcionar.

Me acomodé en la cama tamaño *king* en mi suite en Las Vegas, me puse muy cómodo, cerré los ojos y me imaginé el histórico St. Andrews en Escocia, lugar donde se realizan varios Abiertos británicos y uno de los campos de golf más hermosos del mundo. Algunas personas llaman a St. Andrews el "hogar del golf". Lo puedo creer. En mi mente, vi todo el impresionante campo, cada hoyo, me imaginé paseando por las verdes calles, cada una rodeada de castillos. Me vi caminando hacia el primer *tee* con mi amigo, mentor y compañero de golf, el gran Lee Trevino. Me sentí totalmente relajado. Enterré mi pelota y el *tee* en el césped, di un paso atrás y capté la mirada de Lee. Él estaba de pie a un lado. Sonrió y asintió con la cabeza. Le devolví la sonrisa. Hice un *swing* de práctica, me acerqué a mi pelota, tomé aire, exhalé y la golpeé.

Plack.

La pelota salió disparada de mi *driver* y voló directo al medio de la calle.

Ay, hombre. No hay nada más dulce que la sensación que tienes cuando das un buen tiro de golf. Es mejor que el sexo. Por lo menos yo creo que es mejor que el sexo. Tengo cincuenta. Ya no me acuerdo.

Después de pegar ese tiro, miré a Lee. Me dio su aprobación con dos pulgares para arriba. Tiene setenta y tres años, es sabio y está lleno de vida. Recogí mi *tee*, metí mi *driver* en mi bolsa, y Lee y yo caminamos por la calle a través de la brumosa luz del sol de Escocia hacia una fresca y escarpada sombra que daba un castillo medieval. Caminamos unas cincuenta yardas antes de que Lee finalmente hablara.

—El golf o la comedia —dijo—: si tuvieras que elegir uno, ¿cuál sería?

No dudé ni un segundo.

—El golf.

—¿Estás seguro?

—Por supuesto. Ahora, si tú fueras Richard Pryor...

Di dos pasos más por la calle en St. Andrews y me quedé profundamente dormido.

Cuando me desperté, tenía cincuenta años.

Todo parecía diferente. El aire parecía más fresco, la luz de la habitación más brillante. Levanté mi mano y sentí un pequeño pulso de energía corriendo a través de mí como una carga de electricidad. Me sentía más sabio, más distinguido, más inteligente. ¡Tener cincuenta iba a ser genial!

Me quedé en la cama hasta el mediodía, como si fuera un rey. Me levanté, me puse mi bata, fui hasta el mini-bar y me serví un coctel de cumpleaños: jugo de arándano y vodka. Ese es mi mejor energizante para la mañana. Te limpias y te pones medio pedo al mismo tiempo. Algunos camareros llaman a este cóctel *Sex on the Beach*, que es un lugar donde nunca tendría sexo, porque soy un enfermo de la limpieza y no me gusta la idea de tener arena en el culo.

Me tomé mi trago y empecé a prepararme para mi gran día. Esa noche sería anfitrión de una fiesta de cumpleaños con veinte de mis mejores amigos del viejo barrio. No podía esperar a verlos y celebrar. Esa fiesta era muy especial para mí, porque yo no suelo celebrar mi cumpleaños.

Cuando era niño, mi cumpleaños no era gran cosa. Era un día cualquiera. ¿Y una fiesta de cumpleaños? No. Nunca tuve una fiesta de cumpleaños. Jamás. Ni una sola.

En mi cumpleaños, mi abuela y mi abuelo decían: "Oye, feliz cumpleaños". Eso era todo. Fin de la celebración. No había pastel, ni velas, ni globos, ni sombreros, ni paseo en poni, ni payaso, ni esas cosas saltarinas, a menos de que cuentes cuando mi abuela me tiraba al suelo y yo me caía y rebotaba.

Y no había regalos.

Si andaba de compras con mi abuela en cualquier momento durante el mes o dos antes de mi cumpleaños y veía un juguete o una chaqueta que quería, decía:

—¿Me puedes comprar eso?

Ella decía:

—Está bien, pero es para tu cumpleaños. Asegúrate de recordar eso cuando llegue tu cumpleaños. ¿Lo quieres?

Arrugaba mi frente y pensaba en eso con cuidado. Sentía como si estuviera en un programa de juegos.

—Está bien, sí, espera, no, no sé, bueno, sí, me lo llevo.

—Bien. Ahora no tengo que comprarte nada para tu cumpleaños. Tacho eso de mi lista.

Así que cuando cumplí cincuenta, finalmente decidí hacer una fiesta. Quería celebrar el día con mis mejores amigos de la infancia, algunos de los cuales no había visto en treinta años. Parecía una gran idea cuando lo pensé.

Eh, no.

Gran error.

No sé lo que pasó.

Esos chicos se hicieron *viejos*.

Un tipo que solía tener el pelo como Tony Orlando se volvió completamente calvo. Parecía asiático. Me quedé mirándolo fijamente, pensando: "¿Cómo diablos sucedió eso?". Otro tipo tenía problemas en la espalda. Apenas podía caminar. Tuvimos que ayudarlo a salir de su silla cada vez que se levantaba. Otro tipo era tan gordo que llevaba tirantes y un cinturón para mantener toda su bamboleante grasa dentro de la ropa.

"¿En serio?", me dije para mis adentros. "¿A los cincuenta? Maldita sea".

Lo peor fue mi mejor amigo que, cuando era niño, era el galán del barrio. No puedo explicar lo que pasó con él, excepto que daba miedo. Parecía una tía. Una tía mexicana.

Yo sabía que no me veía tan joven como antes, pero estos tipos tenían un aspecto fatal. Yo no me veía como ellos, ¿o sí? Quería que alguien me dijera que me veía genial, pero nadie dijo nada. Tal vez tampoco podían ver.

A medida que la fiesta continuó, pensé: "Tengo cincuenta, pero no puedo haber envejecido tanto". Y luego susurré una oración. "Yo sé que no soy la persona más religiosa del mundo, pero por favor no hagas que me vea como una tía mexicana".

La pasamos muy bien. Compartimos muchas risas, recuerdos y derramamos algunas lágrimas. Luego, cuando llegó el momento de poner fin a la velada, todos se fueron a la misma habitación. Veinte tipos feos, calvos, gordos y una tía mexicana compartiendo una habitación con camas individuales. Maldita sea. Volví a mi habitación pensando: "¿Crecí con tipos que ni siquiera pueden pagar una habitación de hotel en Las Vegas?".

Prácticamente *regalan* esas habitaciones.

Cuando me desperté a la mañana siguiente, mi

mundo cambió. Todo se sentía como que iba cuesta abajo. Comenzó cuando me di cuenta: "Ya no tengo cincuenta. Ahora estoy *en* mis cincuentas. Esto es horrible".

Estoy pasando de cincuenta a cincuenta y uno.

El período previo a los cincuenta no fue tan malo.

Cumplir cincuenta apestaba.

Era como si hubiera llegado a la puerta de este nuevo club de moda, Studio 51, y estuviera parado afuera nerviosísimo y el portero dijera:

—No sé si puedo dejarte entrar.

Y yo echo una mirada dentro y digo:

—Oye, este lugar es agradable. Realmente me gustaría entrar. Conozco gente allí adentro. Vamos. Soy George Lopez. Déjame entrar.

El portero me echa una ojeada y dice:

—Está bien, puedes entrar.

Entro como si fuera el dueño del lugar. Se siente muy bien al principio, pero cuanto más me introduzco en el club, más oscuro se pone. Mis piernas se sienten débiles, mi rostro comienza a sudar, mis manos están húmedas, mi visión se vuelve borrosa y se me aprieta el corazón.

No voy a mentir.

No tenía problema con cumplir cincuenta.

¿Pero estar *en* mis cincuenta?

Ese podría ser el final del camino.

ESPERA...
¿ESE FUI YO?

VOY a decirte la verdad.

Mentí. Mucho.

Okey, eso es mentira.

Mentí todo el tiempo.

Mentí para sobrevivir. Y mentí porque parecía como si nadie quisiera escuchar la verdad. Simplemente le decía a la gente lo que quería oír. También mentí ocultando información, que es otro tipo de mentira. He aquí un ejemplo.

Una vez, durante los días oscuros de mi matrimonio, decidí sorprender a mi esposa con una botella de champán. Las cosas se estaban desintegrando en cierto modo y me pareció que una velada romántica podría ayudarnos a cambiar de rumbo. Yo no sabía que para entonces el barco ya se había estrellado y estaba haciendo agua como el Titanic, pero...

Como sea, para realizar el romance, me tragué una pequeña píldora azul. Sí. Me tomé un Viagra. Fue todo un tema para mí porque estoy filosóficamente en contra de cualquier mejora masculina artificial. Pero realmente quería que esa noche fuera perfecta.

Luego, incluso antes de que descorchara el champán nos pusimos a pelear a gritos y yo subí enfurecido a la habitación con una erección del tamaño de un bate de béisbol.

Genial.

Estoy arriba con una enorme erección y nadie que me ofrezca alivio.

¿Has leído la etiqueta del frasco de Viagra? La miré con horror. Estaba a punto de tener una erección durante cuatro horas. ¿En serio? ¿Cuatro *horas*? ¿Qué se supone que debía hacer durante cuatro horas en esta condición? No podía salir de la casa. No podía llamar para pedir un masaje. Mi esposa estaba abajo y seguro que no iba a entender. O ser comprensiva. Todo lo que podía pensar era: "¡Esto es genial! Me tomo una pastilla, nos peleamos, tengo una enorme erección y lo único que hay aquí arriba es cable básico y DVDs de mi comedia".

En la botella también dice que si la erección dura más de cuatro horas, debes buscar asistencia médica. ¿En serio? No voy a llamar a mi médico. Lleva unos anteojos envolventes de lentes gruesos que le hacen parecer soldador y tiene pelo del tamaño de un afro saliendo de ambos oídos. Si tengo que llamar a alguien para acabar con esto, le enviaré un mensaje de texto a mi esposa que está abajo preguntando: "Oye, ¿ tu hermana está en casa?".

Debería haber sido honesto. Debería haber dicho: "Mira, sé que tuvimos una pelea terrible, pero me tomé un Viagra y necesito algo de alivio. Traga un poco de champán, cierra los ojos y finge que soy Benjamin Bratt. ¡Necesito *ayuda*!".

Cuando cumplí cincuenta, me pregunté: "¿Quieres ser mentiroso toda tu vida? ¿Quieres que tu vida sea una gran mentira?".

No.

Desde mi fiesta de cumpleaños he dicho la verdad. En lugar de darle en el gusto a la gente todo el tiempo, digo lo que me gusta y lo que no. He sufrido una transformación. Me he vuelto más cómodo conmigo mismo. Me gusta mi vida.

> **CUANDO CUMPLÍ CINCUENTA, ME PREGUNTÉ: "¿QUIERES SER MENTIROSO TODA TU VIDA? ¿QUIERES QUE TU VIDA SEA UNA GRAN MENTIRA?".**

Y he aquí la gran sorpresa: me gusta decir la verdad. Es un alivio total. Mentir era como nadar en un río pantanoso. Quiero nadar en agua limpia. Si voy a nadar en aguas turbias, me voy a ensuciar. Estoy perdiendo el hilo de lo que iba a decir. Sólo sé que toda esta charla acerca de ríos y agua me está dando deseos de encontrar un baño.

ASÍ que, okey, ahora estoy siendo honesto.

¿Te acuerdas de que dije que no tenía problema con cumplir cincuenta?

Mentí.

Lo odio.

Lo *ooodio*.

De repente me doy cuenta de que estoy viejo. Lo peor

es que me siento viejo. Sé que de ahora en adelante voy a sentir más dolor de lo normal. ¿Por qué? Porque tengo *cincuenta*.

Ya sucedió.

A primera hora esta mañana.

Me levanté de la cama y algo hizo pop. Pop. Así no más. *Pop*. No podía descubrir de dónde había venido. Me detuve en seco y miré alrededor. ¿De dónde demonios había venido ese pop? Oí el pop, es un hecho, pero ¿de dónde? Procedía de algún lugar. Hubo un tiro, lo oí, pero nadie sabe de dónde vino. Era como Grassy Knoll.

Era tan extraño. No me dolía nada. Me revisé entero, busqué un hueso o una articulación o algo fuera de lugar o que sobresaliera o que estuviera donde no debería estar y no pude encontrar nada. Di otro paso y volvió a suceder...

¡Pop!

¿Qué diablos? Estoy de pie en medio de la habitación, inmóvil, mis ojos escaneando el lugar como reflectores, como si estuviera buscando a alguien que se hubiera metido en la casa y sé que el pop salió de mí, porque no hay nadie más aquí y me digo: "¿Así que así es esto? ¿Cumplo cincuenta y mi cuerpo hace pop sólo *porque sí*?".

La vida después de los cincuenta. Es miserable. Y es sólo el principio.

Y, espera, ¿me tomó más tiempo ponerme de pie de lo que me tomaba cuando tenía cuarenta y nueve? Creo que sí. Definitivamente me estoy moviendo más lento. La diferencia de un día se sintió como veinte años.

Y entonces tuve mi primera lección de mayor de cincuenta, bueno, además de hacer *pop* sin ninguna razón.

Cuando cumples cincuenta, todo cambia; tu forma de pensar, tu forma de ver, tu forma de enfocar tu día. Las cosas pequeñas se convierten en grandes cosas. Cosas que nunca te importaron (mierda de la que nunca te percataste) de pronto se vuelven importantes. Lo que estaba arriba está abajo y lo que estaba abajo está arriba; diablos, todo está hecho un lío. No tienes más opción que lidiar con ello. Te tienes que adaptar.

Por ejemplo, ahora cuando voy a trabajar, tengo que planear qué coche voy a usar. Eso nunca fue un problema antes. Ahora pienso: "No puedo usar ese coche porque es demasiado bajo. No voy a poder salir de ese maldito coche".

No puedo llegar a mi oficina luciendo todo *cool* en mi Porsche. Ya no puedo hacer eso. Es demasiado arriesgado. No quiero tener que llamar a seguridad para que envíen las "mandíbulas de vida"[1] para sacarme del coche.

También soy mucho más consciente del tiempo. He empezado a andar más despacio, a tomarme todo con más calma. El tiempo mismo parece pasar tan rápido como un cohete. Cuando era más joven, nunca pensé en lo rápido que se pasaba el día. Quería que el tiempo volara. Quería tener la edad suficiente para ser independiente, para iniciar mi propia vida, para escapar. Ahora, no me importa esperar. Cuando la gente se molesta y me

---

1. "Jaws of Life" es una marca registrada de herramienta hidráulica de rescate.

dice: "Oye, he estado esperando durante veinte minutos", me dan ganas de decirle que se relajen. Aprecia el tiempo que tienes. Disfruta de cada minuto. El tiempo es precioso.

También dejé de decir: "Te veo más tarde". A mi edad puede no haber un más tarde.

También tengo más presión para verme más joven porque mi show todavía está en la televisión todo el tiempo en retransmisión. En el show, tengo cuarenta y tantos. La gente piensa en mí como si tuviera esa edad, como si estuviera congelado en el tiempo. También me veo más joven porque tengo todo mi pelo.

Y, bueno, que esto quede entre nosotros...

Me tiño el pelo.

Tengo que hacerlo.

Por un par de razones. En primer lugar, mi pelo empezó a ponerse gris cuando tenía treinta y tantos años. Primero me di cuenta de que tenía unas manchas de gris cuando estaba haciendo monólogos en vivo. Una noche, el foco de luz se fijó en mí y me di cuenta de que parecía como si tuviera oropel en el pelo. No lo podía creer. Envejecí veinte años en ese solo espectáculo.

Poco tiempo después de eso, estaba firmando autógrafos para un chico que tenía unos ocho años de edad. El chico me miró, hizo una mueca como si algo cerca de él oliera mal y me dijo: "Oye, tu pelo es gris". Me reí, le acaricié la parte superior de la cabeza cariñosamente y pensé: "Pequeño pedazo de mierda".

Pero él tenía razón. Me veía y me sentía mucho mayor de lo que era. Yo no quería que la gente me viera y dijera:

"¿Es ese George Lopez? No. Ese no es George Lopez. Se parece a él, pero ese tipo es mucho más viejo. Vamos a preguntarle. Oye, viejo, no eres George Lopez, ¿verdad?".

Admito que el que mi pelo se pusiera prematuramente gris y el que chicos pequeños me dijeran que me veía viejo me desanimó. La única cosa que me hizo sentir mejor fue que conseguí que pusieran una figura de cera de mí en el Madame Tussaud. Al menos el George Lopez de cera tendría cuarenta y cinco años para siempre. A partir de ahora tengo la intención de ir allí cada año, sacar una foto, ver qué tan lejos estoy de ese aspecto y adaptarme.

Cuando miro a mi alrededor, sobre todo en Hollywood donde todo el mundo está tratando desesperadamente de verse joven y generalmente fallando, rara vez veo a tipos de mi edad que puedan lograrlo. Una excepción.

Pee Wee Herman.

Lo vi en Broadway y se veía genial. Estoy seguro de que era gracioso, pero no lo sé con seguridad porque estaba demasiado distraído con su aspecto. Se veía exactamente igual. Fue muy inspirador. Había ganado unos cuantos kilos, pero no muchos. Él sabe que tiene una imagen que proteger, así que se ha dedicado a verse como siempre: los mismos trajes, los mismos zapatos, la misma voz aguda. Es mi nuevo ídolo. Quiero permanecer tan joven como Pee Wee.

Así que lo que primero que hice fue teñirme el pelo.

Luego, me hice muy consciente de la ropa que llevo.

Hay que tener cuidado cuando cumples cincuenta.

El presidente Obama y yo tenemos la misma edad, pero él usa jeans de mamá. Realmente debería considerar un *look* diferente. Me he dado cuenta de que también tiene algunas canas en el pelo. No estoy diciendo que debería teñirse completamente como yo, pero tal vez quiera considerar hacerse algunos reflejos. Debería cuidarse. No quiere verse como los tipos de mi fiesta, especialmente la tía mexicana.

Me doy cuenta de que tendré que cambiar mi *look* con el tiempo. Porque sé que en algún momento ese mismo niño va a mirarme y decir: "¿Qué hace ese anciano usando esos PRPS?".

Por ahora, sin embargo, los puedo usar. Pero hay que tener en cuenta un equilibrio delicado. Como el otro día, cuando vi a un anciano negro con zapatos con velcro, calcetines hasta la mitad de la pantorrilla y una cosa de plástico negro que parecía como si hubiera cortado dos agujeros en una bolsa de basura. *No.* No puedes hacer eso. Debes mantener un ojo vigilante constantemente sobre ti mismo. No puedes pasar de lucir bien en jeans un día a de repente usar calcetines negros y sandalias.

Sí, tu aspecto importa. Y a medida que envejeces, tienes que estar alerta, 24/7. No puedes dejarlo estar. Yo andaba caminando en Nueva York y vi a una señora de mi edad cruzar la calle. Era un día brutalmente caluroso y ella llevaba una chaqueta de esquí. Parecía un chocolate Kiss de Hershey. Flaca en la parte superior y luego se ensanchaba como una pastilla de limón. Fumando un cigarrillo. Caminando con dificultad. Cojeando. Quería correr hacia ella y decirle: "Señora, no, no puede andar por ahí de esta manera. Deshágase del cigarrillo y la parka, y camine mejor".

Te diré esto ahora mismo, no importa lo que me pase, no voy a aceptar una cojera.

No lo voy a hacer. No lo voy a aceptar. Haré algo para arreglarla. Encontraré la manera de caminar mejor. Pondré un poco de cartulina en mi zapato. Haré lo que sea que tenga que hacer. No puedes arrastrar la pierna al cruzar la calle. Es el triunfo de la mente sobre la materia. Tienes que decirte a ti mismo: "Hoy no voy a cojear. Simplemente no voy a cojear. No sucederá".

Y no puedes usar bastón. Olvídate de eso. Nadie puede hacer que un bastón se vea bien. Excepto tal vez Mr. Peanut. Él lo logra. En realidad, él logra que se vea bien la muy rara moda triple: monóculo, bastón y sombrero de copa. Mr. Peanut es un tipo malo. Sí, me siento intimidado por Mr. Peanut.

La única persona que podía salir a caminar con un bastón era Evil Knieval. Esa es la única manera en que usaría un bastón: si tuviera uno que hubiera pertenecido a Evil Knieval. Uno de verdad. Uno de los de su colección. Tal vez podría hablar con su familia. Apuesto a que me regalarían un bastón. Si alguien de la familia de Evil Knieval está leyendo esto, lo digo en serio. Aceptaría uno de los bastones de Evil y caminaría con él con orgullo. Respeto al hombre. Se rompió todos los huesos del cuerpo (haciendo algunas cosas bastante extravagantes y estúpidas) pero salió caminando, cojeando sólo un poco, apoyándose en esos geniales bastones. Los que solía llenar con Wild Turkey. Según se dice. Tienes que admirar eso.

Después de todo por lo que pasó, tengo que admitir que Evil tenía una cojera que aprecio. Y cuando se trata de procedimientos médicos, me han hecho más cosas que a nadie. He reemplazado todos mis dientes, me han puesto *stents*, me han hecho cirugías, trasplantes. Soy el Evil Knieval de la comedia. ¡Por supuesto que me gustaría tener uno de sus bastones!

TRATO como loco de cuidarme, pero, para ser honesto, no me ha ido muy bien.

¿Has oído la expresión "mi cuerpo es un templo"?

El mío es más como una bodega de almacenamiento.

¿HAS OÍDO LA EXPRESIÓN "MI CUERPO ES UN TEMPLO"? EL MÍO ES MÁS COMO UNA BODEGA DE ALMACENAMIENTO.

Guardo una tonelada de medicina allí, porque tengo que hacerlo. Pongo algunas cosas de las que me debería haber librado hace un tiempo y tengo un montón de basura que he metido ahí dentro de la que me olvidé. Lo sé. Tengo que ir a mi bodega pronto y limpiar todo eso. Después de cumplir cincuenta, hay que tener mucho cuidado con lo que pones en tu cuerpo-bodega.

Yo lo intento.

Controlo todo lo que bebo y como. No como mucho y hago todo lo posible por comer bien. En primer lugar, no soy vegetariano. Lo intenté una vez y me desmayé en la calle. Me desplomé. *Bang.* Caí en picada directo en medio del tráfico. Causé una alerta Sig. Por cierto, me encanta ver a esa sexy reportera de tráfico rubia, quien de alguna manera está en todos los canales, anunciar en su voz boba y sexy que ha habido una alerta Sig. No tengo idea de lo que es una alerta Sig, pero sé que es algo malo. Me imagino a un loco de pelo largo llamado Sig corriendo desnudo por Ventura Boulevard gritando y agitando un machete.

Sólo duré un par de semanas siendo vegetariano. No comí nada más que burritos de frijoles y queso, ensaladas, pan tostado, arroz y fideos. Esa era mi dieta entera. No era vegano. No se puede hacer eso. Es demasiado. Tu aliento huele a culo.

Ahí estaba yo, en medio del día y mi mundo empezó a girar. Había comido una ensalada de almuerzo, el aderezo a un lado, nada de pan, una taza de té (muy saludable) y me estaba yendo del restaurante, un famoso lugar vegetariano en Hollywood, no recuerdo el nombre, La rebosante, gorda y flácida panza de Buda o La comida real sabe a cartón o El templo dorado de la limpieza consciente del colon, o algo así. Bajé de la acera, di dos pasos, me sentí mareado, mis rodillas se doblaron y caí al suelo. Si sólo hubiera tenido un bastón de Evil Knieval, podría haberme sostenido.

Así que, sí, no puedo ser vegetariano. Me pongo débil. Apenas pude salir del restaurante.

Ahora bien, podría haber sido la marihuana.

Supongo que esa es una posibilidad.

Claro, me drogo. Tengo que hacerlo. Órdenes del doctor. Así es. Mi médico me dijo que lo hiciera. Es medicinal. Tengo mi tarjeta de marihuana medicinal. La llevo conmigo en todo momento, justo entre mi licencia y mis condones. Cuando alguien me pide dos formas de identificación, saco toda esta mierda y veo sus rostros ponerse de color rojo y sus ojos salírseles de la cara. Es genial.

La verdad es que en mi estado, no sé dónde estaría sin la marihuana. La marihuana me salvó la vida. La marihuana alivió mis achaques y dolores, aminoró mi estrés, calmó mi estómago, me quitó las náuseas y mejoró mi goce de Van Halen.

Me gustaba Van Halen antes de mi enfermedad renal, pero ahora, con un pequeño impulso de la marihuana medicinal, los amo. Pueden tocar cualquier cosa, cualquier *riff* en absoluto, y me dejan maravillado. Les doy una ovación de pie mientras aún están afinando sus instrumentos.

Sí, la marihuana medicinal es un medicamento milagroso.

No voy a mentir.

La hierba funciona.

No me gusta fumarla. Eso es poco saludable. Como dije, cuido lo que meto en mi cuerpo. Fumar marihuana es malo para ti.

Así que me la como. Mucho mejor. Y puedes meter tu hierba en un montón de deliciosas comidas.

Me encanta la marihuana en los Gummy Bears. Me

deja muy puesto. Si no te gustan los Gummy Bears, no hay problema. De hecho, no tienes que comerte la marihuana. Hay otras posibilidades. Como la loción. Me encanta la loción. O el aerosol. Simplemente te lo frotas y te preparas para el viaje. Considera la posibilidad de un masaje de marihuana mutuo con un ser querido. Mucho mejor que fumar marihuana. Una precaución. Pídele a ella que te masajee primero porque estarás demasiado drogado para darle un masaje sin reírte histéricamente.

Así que, bueno, tienes la loción, el aerosol y los Gummy Bears, y también tienes Tootsie Rolls, salsa para barbacoa, palomitas, chips de trigo y, por supuesto, *brownies*.

Esos son increíbles.

Muy sencillos de hacer también. Simplemente consigue un poco de mezcla para *brownies* Duncan Hines y agrega la hierba. Échala ahí directamente junto con la mantequilla. No sé a quién se le ocurrió primero esta idea, pero es pura genialidad. Tal vez a Bob Marley o a Willie Nelson en aquellos tiempos. Sé que no fue Duncan Hines. No creo que Duncan Hines haya dicho alguna vez: "¿Sabes qué sería genial? Pongamos un poco de hierba en mi mezcla para *fudge brownies*. Será fantástico". Dudo que el viejo Duncan haya sido marihuanero, aunque nunca se sabe. Sé que no ves "marihuana" como uno de los ingredientes de las recetas a un costado de la caja.

Obviamente, drogarse a los cincuenta tiene un propósito diferente del que tenía cuando tenía dieciocho años. Yo solía drogarme sólo por drogarme. Era mucho más divertido ir a un concierto o a una fiesta drogado. Ahora me drogo no por el afán de drogarme, sino para salir adelante. Uso la hierba para aliviar el dolor. Tengo articulaciones débiles y un montón de otras cosas residuales de la enfermedad renal. A veces, después de un largo día de trabajo mi cuerpo se siente como un solo gran dolor palpitante. Entonces me drogo para aliviarme. Triste. Solía drogarme para divertirme y ahora lo hago para poder funcionar.

De hecho prefiero drogarme a emborracharme. Empecé a beber cuando tenía trece años. Estaba en la escuela secundaria y un par de amigos y yo nos colamos en la fiesta de un chico mayor. Mi memoria es borrosa, pero recuerdo vagamente a una chica muy sexy vestida con casi nada más que un trozo de cinta llenando y rellenando mi vaso de plástico con cerveza, y luego entregándome otro vaso lleno de un Hawaiian Punch con alcohol. Empecé a tratar de seducirla, inclinándome para desatar esa cinta, grité algo realmente *cool* y divertido, di dos pasos tambaleantes y me desmayé. Era como ser vegetariano.

Hasta el día de hoy, cuando se trata de alcohol, soy ligero de cabeza. Dos cervezas y estoy buscando un lugar para descansar. Con la marihuana, estoy bien. Me pongo tranquilo, reflexivo y volado. Aguanto bien el estar drogado. Apuesto a que nunca lo sabrías si estuviera drogado.

Hace unos años, en Houston, un joven botones debe haber pensado que estaba drogado, pero no lo estaba.

Había hecho una presentación en el Toyota Center y vendido todas las entradas. Me pidieron que volviera dos semanas después de hacer un par de presentaciones más. Me estaba registrando en el Four Seasons del centro, por segunda vez en dos semanas, y este joven botones, que tenía tal vez veintidós años, empezó a reunir todas mis maletas para llevarlas a mi habitación. Lo llamé.

—¿Cuál es la mejor propina que te han dado? —le pregunté.

—Cuatrocientos dólares —dijo el chico.

—No bromees —le dije—. ¿Cuatrocientos dólares? ¿Por llevar maletas a una habitación?

—Sí, señor —dijo el chico—. Eso es lo que me dieron. Cuatrocientos dólares.

Negué con la cabeza, metí la mano en el bolsillo, saqué mi billetera y de ahí cinco billetes.

—Aquí hay quinientos —le dije.

Los ojos del muchacho se agrandaron como platos.

—Gracias, señor Lopez —dijo—. Voy a cuidar muy bien de estas maletas.

Me reí y él comenzó a dirigirse a mi habitación.

—Oye —le dije—. Quiero saber. ¿Quién te dio esos cuatrocientos?

—Usted —me dijo—. Hace dos semanas.

Ahora que lo pienso, tal vez estaba drogado.

NO TE VA A GUSTAR CÓMO HUELE

UNA cosa que odio.

La gente que dice "Los cincuenta son los nuevos treinta".

No, no lo son.

Cincuenta son cincuenta.

Saca la cuenta.

Cincuenta es veinte años más cerca de la muerte.

A pesar de que trato de parecer más joven, la gente puede decir cuántos años tengo. Especialmente las mujeres jóvenes hermosas. No sé por qué.

Cuando estaba en Las Vegas para mi fiesta de cumpleaños, entré en el bar en el vestíbulo del hotel y vi a cuatro mujeres jóvenes vestidas para la noche bebiendo martinis. Una de ellas me vio, le susurró a sus amigas y tres de ellas corrieron hacia mí, gritando: "¡Es George Lopez!".

Les dije:

—¿Qué tal, chicas?

Una linda rubia dijo:

—Lo que pasa en Vegas, se queda en Vegas.

Hubo una molesta risita de grupo.

A continuación, una morena dijo:

—¿Qué estás haciendo aquí?

—Estoy aquí porque es mi cumpleaños. Tengo una pequeña fiesta —le dije.

Sonreí y deliberadamente no mencioné el número.

—¿Cuántos años tienes? —dijo la rubia.

Me encogí de hombros.

—Tiene cincuenta —dijo la morena.

¿Cómo diablos lo sabía? Entonces, pensando que no podía verlas, las otras dos se miraron entre sí y, con horror, gesticularon con la boca "¿Cincuenta?".

Luego hicieron esa cara. Todas ellas. Al mismo tiempo. Esa cara de "EUUU".

Dices "cincuenta" y la gente reacciona como si acabara de soplar un mal olor.

Una vez que cumplí los cincuenta, me tomó menos de veinticuatro horas sentirme de cincuenta. Una nube negra descendió. Los cincuenta significan deterioro. Es como si fueras una casa en mal estado. Puedes echarle una mano de pintura, pero si la casa tiene malas uniones, áreas podridas y moho, una mano de pintura no ayudará.

> **LOS CINCUENTA SIGNIFICAN DETERIORO. ES COMO SI FUERAS UNA CASA EN MAL ESTADO. PUEDES ECHARLE UNA MANO DE PINTURA, PERO SI LA CASA TIENE MALAS UNIONES, ÁREAS PODRIDAS Y MOHO, UNA MANO DE PINTURA NO AYUDARÁ.**

Vamos a discutir un montón de cosas más acerca de cumplir cincuenta, cosas que puedes querer hacer ahora porque estás llegando al final de tu vida y cosas que nunca, nunca debes hacer, bajo ninguna circunstancia, pero primero quiero prepararte para lo que te va a pasar. Algo de esto no es agradable y será difícil de aceptar, pero siento que es mi deber decírtelo.

Esto es lo primero que va a suceder.

Te tirarás pedos sin ninguna razón.

Los pedos harán su aparición.

Simplemente saldrán.

Vas a dar un paso y...

BRUMP

Así no más.

No importa lo genial que te veas (o trates de verte), aparecerán los pedos.

Iba en mi coche, conduciendo a un almuerzo. Me detuve en el restaurante y estacioné. Me levanté y empecé a entrar. Era un día caluroso en L.A. y yo estaba vestido con pantalones, una bonita camiseta (me veía bastante bien) y me di cuenta de que había dejado mi teléfono en el coche. Me agaché para agarrarlo y...

BUAP, PUAP, PUAP.

Levanté mi cabeza bruscamente y miré a mi alrededor.

"¿Qué diablos?". Me agaché para agarrar mi teléfono. "Esto es ridículo".

Ahora sucede todo el tiempo.

Camino a través de una habitación para saludar a alguien y...

PRRRATTTT.

Entonces tienes que hacer ruido para encubrirlo.

—¡Ja! —digo—. Ja ja, ejem. Se me atascó algo en la garganta. JAPRRRATTT.

Una palabra de advertencia.

Cuando tienes cincuenta años, si la habitación huele a mierda, es porque te tiraste un pedo.

Por último, un consejo.

Trata de ser muy cuidadoso cuando te inviten a la casa de alguien a cenar.

Si se te sale uno y es fuerte y todo el mundo te mira, inmediatamente cubre tu boca y finge que eructaste.

BUAAPPPPPPPP.

—Oh, perdón. Qué grosero. Sí, culpable de los cargos. Ja, ja. Se me salió un pequeño eructo porque esa cazuela de coliflor es tan deliciosa.

Esta táctica funcionará porque la mayoría de la gente considera que un eructo es un cumplido. Pero un pedo, no. A pesar de que yo consideraría un pedo un cumplido ambiguo.

Hace unos meses, empecé a salir con una mujer mucho más joven y cuando llegamos a conocernos, ella dijo:

—Te das muchas duchas.

—Sí —le dije—. Lo hago. Lo hago porque eres muy joven. Y yo tengo cincuenta.

También, si te digo la verdad (pero no podría admitirlo ante a ella) soy muy vanidoso. Y últimamente me he puesto aún más vanidoso. Un número infinito de veces más vanidoso.

Admito que me tomo tal vez un poco de tiempo extra

al mirarme en el espejo. Evalúo lo que veo. Me he vuelto muy preocupado por mi apariencia, más que nunca antes. Mencioné que soy cuidadoso con lo que como. Trato de comer saludable y porciones más pequeñas que las que comía cuando tenía treinta años. No creo que el mundo necesite otro gordo mexicano.

Trato de controlar lo que como... y trato de mantenerme limpio.

Voy a decirlo.

Soy un fanático de la ducha.

Si calculo el número promedio de duchas que tomo al día, yo diría que una cifra conservadora es... cuatro. Sí. Cuatro. Eso es más o menos correcto.

¿Qué?

¿Demasiadas?

No estoy seguro de que sean suficientes.

Vamos a hacer un desglose.

Un día típico. Hoy. Es casi mediodía y ya me he duchado dos veces. Voy a ir a almorzar y luego tal vez a jugar algunos hoyos de golf. Después voy a volver a casa y me daré una ducha. Con esa son tres. Voy a darme otra antes de acostarme. Cuatro.

Ese es mi promedio.

También tengo un sauna en mi casa. De todas maneras voy a meterme al vapor más tarde. Y, no voy a mentir, en algún momento de hoy también voy a tomar un baño. Cuento un baño como medio. Me gusta tomar una larga ducha caliente, pero a mi edad no quiero estar de pie tanto tiempo. Es demasiado agotador. No puedo estar ahí parado durante veinte minutos. Así que tomaré un baño.

Si agregas el vapor, que es un gusto, un poco como un postre húmedo, caliente y sudoroso, más el baño, contando cada uno como medio, son cinco al día.

Yo no creo que sea demasiado.

Piénsalo de esta manera. Tienes veinticuatro horas en un día. Entre dormir y descansar, estoy en la cama, digamos, nueve horas. Eso significa que estoy levantado durante quince horas al día, durante las cuales tomo una ducha, un baño o un vapor, en promedio, cada tres horas. ¿Qué hay de malo en eso? Te prometo que no sólo es normal para una persona de cincuenta años, es *necesario*.

Entonces, mis hermanos y hermanas de más de cincuenta, ¿cómo empiezan su día?

Mi consejo: comiencen en el punto cero.

Comiencen con una ducha.

A medida que avanza el día, funcionen de esta manera: ducha, baño, ducha, ducha. Mínimo. Se los estoy diciendo, tendrán que darse un montón de duchas para contrarrestar el olor si no viven solos y más aún si tienen una novia joven.

Hemos establecido que a los cincuenta es necesario poner énfasis en la limpieza.

También es necesario hacer hincapié en la seguridad.

El primer elemento que debes comprar, sin lugar a dudas, es una buena alfombrilla antideslizante para la ducha. El otro día, durante mi segunda, no, tercera ducha, espera, mi cuarta ducha ¿o fue mi primera...? Como sea, casi me caí. Y yo tengo un buen equilibrio. Debes aceptar que a los cincuenta tu cuerpo comienza a desmoronarse e incluso realizar las actividades más básicas, como darse una ducha, puede ser letal. Solución: necesitas una buena alfombrilla antideslizante para la ducha. Todo el mundo dice que la mayoría de los accidentes ocurren en el hogar. Tienen razón.

A las personas mayores.

Las personas mayores de cincuenta.

Tiene sentido que la ducha sea una zona peligrosa. El suelo se moja y se pone jabonoso y resbaladizo. Estás en la ducha y das un pequeño paso para agarrar el jabón o el champú, y *worrp*, tus pies salen volando y te caes. No puedes dejar que eso suceda. Yo tengo una ducha de cemento. Si me caigo, me caigo fuerte. Podría ser mi fin. Muerte por acumulación de enjuague para el cabello en el suelo de la ducha. No es lo que quiero que diga mi obituario. No dejes que eso te suceda. Compra una alfombrilla antideslizante para la ducha.

Nunca he hecho una encuesta, pero sé que la gente le tiene fobia a las alfombrillas de ducha. Es un problema nacional. Es demasiada molestia. A la gente no le gusta usar alfombrillas antideslizantes para la ducha porque se ensucian y se ponen mohosas por debajo y es demasiado asqueroso limpiarlas. Admítelo. Simplemente tiras a la basura la vieja mugrienta y nunca la reemplazas.

Anda, en este mismo momento, a Kmart y compra una alfombrilla antideslizante para la ducha. Estamos hablando de vida o muerte. O peor. Podrías caerte, golpearte la cabeza y *no* morir. Podrías terminar como un vegetal baboso que usa pañal y mira fijamente el microondas durante todo el día pensando que es la televisión y llama a todo el mundo "Nana".

Compra una alfombrilla antideslizante para la ducha.

Y no creo lo que dice la gente sobre la base de algunas tinas: que son antideslizantes. ¿En serio? No evitan que te resbales y caigas de cabeza. ¿Y conoces las tinas con las pequeñas perillas en la parte inferior que cuestan como $3.000? Esas perillas son falsas. No me fío de esas cosas, aunque cueste un dólar la perilla. Yo no me metería allí sin una alfombrilla antideslizante. O un casco. O un chaperón.

Ahora pasemos a algo aún más serio.

Los baños.

Me encantan.

Sólo un pequeño problema.

Entrar en la bañera.

A mi edad, no estoy preparado para levantar mi pierna lo suficiente como para pasar sobre el borde de la bañera. Tengo que arrastrarme hasta el otro lado, como si estuviera trepando el Muro de Berlín. Tienes que levantar la pierna, saltar por encima y rodar, y luego agarrar algo para sujetarte o levantarte, como la cortina de la ducha. Es muy peligroso. Fácilmente podrías tirar de la barra de la cortina y caerte con ella. Un baño es genial una vez que estás metido en él. Meterse es el problema. Y, sí, salir, porque te encuentras con los mismos peligros, solo que al revés.

Sin embargo, hay ayuda en camino.

Estaba viendo un partido de golf en el Golf Channel con mi amigo RJ y salió un comercial de un nuevo tipo de bañera. El vocero de la bañera, un tipo de mi edad que llevaba un collar de conchas de Puka y una camisa hawaiana, comenzaba a venderte esta bañera, diciéndote lo maravillosa que era. Algo acerca del tipo parecía familiar. Me deslicé hasta el borde del sofá para verlo mejor. ¿Mencioné que a los cincuenta tu visión y tu audición empiezan a decaer? En fin, me acerqué al televisor y ajusté el sonido. De pronto reconocí al tipo por su voz.

Inconfundible.

Pat Boone.

Sí. Pat *Boone.*

Si dijiste: "Recuerdo a Pat Boone", en lugar de "¿Quién demonios es Pat Boone?", entonces esta bañera es para ti.

En los años cincuenta y sesenta, Pat Boone era una tremenda estrella musical, conocido por cantar *covers* de canciones de R&B como "Ain't That a Shame" de Fats Domino y por ser increíblemente blanco. No estoy mintiendo. Era famoso por usar zapatos blancos llamados *"white bucks"*. Eso a mí me suena muy racista. Creo que se juntaba con Anita Bryant y esa gente también. Pero ahora lo que me molestó fue que tenía que tener por lo menos ochenta y cinco años y se veía de mi edad.

Por lo menos mi carrera no había decaído hasta el punto de estar haciendo comerciales de bañeras en el Golf Channel.

¿Qué estoy diciendo? Si tuviera ochenta y cinco años y me viera tan bien como Pat Boone (demonios, si aún estoy erguido) mataría para conseguir un trabajo vendiendo bañeras en el Golf Channel.

Me tomó unos segundos pasar de Pat y sus conchas, pero finalmente me concentré en la bañera que estaba demostrando.

No era una bañera normal. Esta bañera era especial.

Esta bañera tenía una puerta.

Se abría como un coche.

Abrías la puerta, entrabas, cerrabas la puerta detrás de ti y te sentabas para darte tu baño. Sin tener que saltar, gatear, rodar o terminar con la cortina de la ducha sobre tu cabeza. De inmediato esto reducía las posibilidades de partirte la cabeza y ahogarte en seis pulgadas de agua.

La bañera era de lujo. Venía con control de temperatura, ventiladores de jacuzzi, todos los accesorios para bañera que pudieras desear. Esta era una bañera de sueño. Abrías la llave y te echabas hacia atrás mientras el agua salpicaba hacia arriba, encima y alrededor tuyo. Todo tu cuerpo vibrando de placer. Podías ajustar la intensidad y la temperatura a tu gusto. ¿Y la mejor parte? Cuando terminabas, simplemente alargabas el brazo, cerrabas el agua, te levantabas, abrías la puerta y salías.

Brillante.

Yo quería una de esas. Yo quería una, mucho.

—Mira esa bañera —dijo mi amigo RJ—. Hay que ser idiota para gastar dinero en una de esas.

—En serio —le dije.

—La gente es tan crédula. Compra lo que sea. ¿Una bañera como esa? Tienes que tener setenta años y ser inválido o vivir en un hogar de ancianos o caminar con uno de esos bastones con ventosas en la parte inferior que se adhieren al suelo.

—¿Setenta? ¿En serio? No sé, podrías tener tal vez sesenta y cinco o incluso cincuenta...

—¿Y quién era ese viejo vendedor? —preguntó RJ—. Su cara se veía como una ciruela seca.

—No tengo idea.

—Tienes que ser un mamón para tomar un baño, de todos modos.

—Lo sé, ¿verdad?

—O más viejo que la mierda.

—¿Baños? ¡Ja, ja, ja! *Baños.*

—Voy por otra cerveza, ¿quieres una?

—No, estoy bien. Gracias. Ya me tomé dos.

—No vamos a ninguna parte. Tómate otra. Eres tan ligero de cabeza.

—¿Ligero de cabeza? ¿Yo? Seguro. ¡Ja!

RJ salió de la habitación. Esperé hasta oírlo hurgando en la cocina antes de furiosamente copiar el número de teléfono que pasaba a lo largo de la parte inferior de la pantalla a través de la camisa hawaiana de Pat Boone, mientras el viejo Pat repetía tres veces lentamente para aquellos de nosotros que somos más viejos que la mierda.

CALCETÍN DE SEGURIDAD

HABLANDO de golf...

Una tarde, una semana después de cumplir cincuenta años, caminé los últimos nueve hoyos en un campo de golf cerca de mi casa. El campo estaba vacío así que me tomé mi tiempo, paseando tranquilamente hasta que empezó a oscurecer. Ese es uno de mis momentos favoritos del día en un campo de golf. Me encanta el atardecer, cuando las sombras son largas y la luz cambia a un tono púrpura suave, y me encanta la mañana temprano, cuando el aire es fresco y vigorizante y huele a pasto recién cortado.

Esa tarde caminaba solo por la calle, parando de vez en cuando para golpear algunos tiros. No llevaba la cuenta. Rara vez lo hago. No estoy interesado en el número. Cómo juego es mucho más importante para mí que cuánto anoto.

En tanto las sombras se repartían sobre la calle y oscurecían el borde de una trampa de arena con forma de cacahuate, por alguna razón tuve una visión de mí mismo como un niño de diez años. Yo y el golf. Tenemos toda una historia juntos. Más de cuarenta años. Y cada vez que me imagino como niño, no estoy jugando béisbol o tocando la guitarra o montando en poni, sino que estoy sosteniendo un palo de golf y sonriendo.

Me enseñé a mí mismo a jugar. Siempre me encantó ver golf en la televisión, especialmente las Grandes Ligas, el Máster, el Abierto de EE.UU., la PGA y, mi favorito, el Abierto Británico, que ahora se llama el Abierto. Durante los comerciales, me gustaba agarrar un viejo palo de golf oxidado que mi abuela tenía en la casa y me iba al patio trasero. No estoy seguro de cómo terminamos con un palo de golf en casa. Creo que lo teníamos en caso de que oyéramos un ruido.

No teníamos pelotas de golf, pero sí teníamos la segunda mejor opción: un árbol de limones. Los limones eran más o menos redondos, bueno, ovalados, pero en la familia de los objetos redondos, y aunque un limón no tiene hoyuelos como una pelota de golf, tiene una superficie áspera. Pensé que era un sustituto bastante bueno. Oye, tenía diez años. Al menos sabía que una toronja probablemente no funcionaría.

Saqué un montón de limones del árbol y los coloqué en el suelo. Me acerqué a cada uno y, copiando la forma como había visto usar a mis golfistas favoritos, en particular Lee Trevino, me puse en mi posición y golpeé los limones con toda la fuerza que tenía, tratando de que pasaran por encima de la cerca del patio trasero.

Aprendí muy pronto que los limones no son en absoluto como las pelotas de golf.

Si golpeas con un limón en el extremo, lanza un chorro. Supongo que lo llamarías el punto dulce. Algunas veces, raras veces, conseguía que se elevaran un poco y un limón volaba por encima de la cerca y caía en el patio del vecino. Sabía que había dado un buen golpe si hacía que un limón rebotara en el perro de mi vecino. El perro aullaba y luego se montaba en la cerca y ladraba a todo pulmón como Cujo, más enojado que el demonio. Era genial porque mi abuela empezaba a gritarle al vecino: "¡Dile a tu perro que se calle! ¡Necesito descansar!".

La mayor parte del tiempo, sin embargo, golpeaba un limón, lo partía y saltaba un chorro de jugo de limón. Creo que de ahí viene la expresión "convertir limones en limonada", de un niño mexicano-estadounidense de diez años de edad golpeando limones con un viejo palo de golf oxidado en el patio trasero. Te diré lo siguiente, cuando me hice mayor y empecé a jugar golf de verdad con auténticas pelotas de golf, lanzándolas hacia las banderas y los *greens* en lugar del patio de mi vecino, descubrí que era mucho más fácil pegarle a una pelota de golf que a un limón jugoso.

Esa tarde, mientras caminaba por la calle del hoyo dieciocho, empecé a pensar en mi vida y en cumplir cincuenta y en todas las cosas que quería hacer antes de morir. Había logrado mucho en mis cincuenta años. Había pasado una noche en la Casa Blanca, cenando con el Presidente de los Estados Unidos. Me había convertido en amigo de algunos de mis ídolos del mundo del espectáculo y el deporte. Había tenido éxito en mi carrera elegida, logrado un poco de fama y una buena cantidad de dinero, que felizmente he compartido con los demás e infelizmente con mi ex esposa. Había sobrevivido un grave problema de salud y creado una fundación para ayudar a combatir las enfermedades renales. Me sentía bendecido. Se me habían concedido casi todos mis deseos. Una vez leí acerca de un hombre que le preguntó a un sabio: "¿Qué haces cuando tus sueños se hacen realidad?". El sabio dijo: "Sigue soñando".

Me detuve cerca del borde del *green* del hoyo dieciocho y se me vino un pensamiento loco a la cabeza, algo que quería hacer más que ninguna otra cosa. Una búsqueda personal. Decidí que iba a jugar en cada uno de los cien mejores campos de golf del mundo.

Tener que considerar cualquier lista con cien elementos en ella es un tremendo reto. Especialmente para mí porque se trataba, literalmente, de viajar por el mundo. Me encanta viajar, pero empecé tarde. Cuando era niño, mis abuelos nunca me llevaron a ninguna parte. Apenas salía de la casa. Bueno, eso no es justo. Fui a algunos lugares. Fui a...

El patio delantero.

El patio trasero.

La escuela.

Kmart.

La tienda de licores.

Puede que haya olvidado un par de lugares. Déjame pensar. Bueno, Jack in the Box, pero eso no cuenta porque no salimos del coche.

No. Nosotros no íbamos a ningún lugar. No íbamos a la playa. No íbamos al cine. No íbamos a restaurantes.

Así que yo soñaba. Soñaba que iba a Disneyland y al Dodger Stadium y al Staples Center. Me imaginaba en las magníficas playas de arena blanca en Hawái y caminando por las calles de los históricos campos de golf en Escocia barridas por el viento.

Ahora, aquí viene la parte extraña.

No imaginé mi cara en esos lugares.

Imaginé mis pies.

Sí, mis pies.

Especialmente cuando me fui haciendo mayor y me imaginé pisando esos famosos campos de golf. Vi mis *pies* caminando hacia el primer *tee* en el Augusta National. Vi mis pies caminando por las calles de Pebble Beach y Spyglass Hill, con las olas del Pacífico rompiendo más abajo. Me dije: "Un día, mis pies van a estar ahí".

Los pies. Los pies importan. Los pies son significativos. Piensa en ello.

Cuando juegas al golf, un buen golpe depende de cómo mueves tus caderas, cómo desplazas tu peso y, algo muy importante, donde pones los pies. Tu postura. Tienes que ajustar la posición de tus pies cada vez que haces un tiro con un palo diferente.

Tus pies son tu base. Tus anclas. Tus pies son el cimiento. Literalmente. No se trata sólo de mí. Yo no soy el único que se siente de esta manera respecto de los pies. Los pies son parte de nuestra cultura.

¿Qué encuentras en el cemento frente al famoso Teatro Chino de Grauman en Hollywood o en las aceras de todo Hollywood?

Huellas de los ricos y famosos.

Sí. Sus *pies*.

Y ¿qué hay de la policía? ¿Cuál es uno de los principales elementos en la resolución de un crimen? Cuando los policías desean hacer seguimiento de un asesino en la escena del crimen, ¿qué es lo que buscan los tipos de C.S.I.?

Huellas.

No buscan codos. U hombros. O cuellos. Buscan huellas digitales... y *huellas* de zapatos. Un policía no dice: "Tenemos suerte. El tipo se apoyó en la puerta. Conseguimos una impresión perfecta de su articulación gínglimo. Vamos a atraparlo".

No. Se trata de los pies.

Descubrí algo más que tiene que ver con los pies. Algo que cambia la vida, al menos para mí.

Desde hace un par de años, he estado haciéndome reflexología. Es una cosa increíble. En realidad me sorprende. Así es como funciona.

Me quito los zapatos, me tiendo, cierro los ojos, respiro y una mujer muy talentosa, llámala Lorraine... *me frota los pies.*

No lo creerías. Es un milagro. Soy un hombre nuevo.

Digamos que he experimentado algo de estrés en mi vida. A veces he sido un poco desagradable, impaciente, irritable y, lo admito, un idiota limítrofe. Okey, voy a ser honesto. He sido un imbécil rabioso. Al igual que un montón de gente que creció a base de comida rápida, Slim Jims, cecina, soda y manteca de cerdo, cuando estoy estresado, la tensión se me va directamente al estómago. La reflexología ha cambiado todo eso. Estoy mil por ciento más tranquilo. He reducido un montón mi estrés. Ya no siento un dolor punzante en la boca del estómago. Tengo más energía, mejor digestión y mucho más paciencia. Y casi nunca me enfermo porque Lorraine, usando la reflexología, ha eliminado todas mis toxinas. También activó mi Qi (mi fuerza vital invisible, también llamada mi campo de energía) e hizo que funcionara a buen ritmo como una máquina bien engrasada. No tengo idea de cómo hizo todo eso, pero lo hizo...

Frotando mis *pies*.

Yo era escéptico también. Principalmente porque no me enteré de la reflexología por un médico o un psiquiatra o un sitio web de medicina. Me enteré por un completo desconocido en el Coffee Bean.

No es tan loco como suena. Bueno, está bien, es un poco loco. Yo estaba pasando el rato en mi Coffee Bean local un día, tomando un té Earl Grey y empecé a hablar con una mujer que estaba sentada a mi lado. Empezamos una conversación casual, pero antes de que me diera cuenta nos metimos en una de esas pláticas profundas e intensas que siempre parezco tener con extraños. No sé qué es. A veces puedo ser más íntimo con un desconocido en un café que con alguien que conozco desde hace años. Por alguna razón, después de cumplir cincuenta años, me he vuelto más abierto y menos crítico. Simplemente lo dejo fluir. No tengo nada que perder, supongo. O tal vez estoy compensando por todas las veces en que me callé y le di mil vueltas a las cosas en mis veinte y treinta, jugando el papel del mexicano hosco y malhumorado. La verdad es que ese no soy yo.

Así que, de vuelta en el Coffee Bean, esta mujer y yo iniciamos una gran conversación mientras yo me tomaba mi té y ella su *Ice-Blended Mocha*, saltándonos toda la charla banal, yendo directo a una densa discusión sobre el destino y la espiritualidad y la medicina alternativa. No sólo creo en todo eso, sino que me parece muy bien. Cuando la muerte me miró fijo a la cara a los cuarenta y tantos años, me abrí a casi cualquier cosa. Por eso, cuando esta mujer me preguntó: "¿Has probado la reflexología alguna vez?", no me inmuté.

Nunca había oído hablar de ella y tal vez hice una broma al respecto o le dije que no me dejaba tocar los pies por cualquiera, pero la verdad es que estaba intrigado. Ella insistió en que lo intentara. Era tan convincente y estaba tan segura de que iba a funcionar para mí que me regaló una visita preliminar con Lorraine. Lorraine vino a mi casa a los pocos días. Yo no sabía qué esperar. Admito que estaba algo nervioso. No tenía por qué preocuparme. Ella me tranquilizó de inmediato. Había algo en ella. Una suave y tranquila energía emanaba de ella. Esto puede sonar a una locura, pero ella... brillaba un poco. No sólo me simpatizó, sino que me dio confianza. Me quité los zapatos, me acosté y dejé que ella hiciera lo suyo.

En unos pocos segundos, mientras me frotaba, frunció el ceño y dijo:

—Guau. Sus riñones. Estoy sintiendo algo. Definitivamente. Una debilidad. Usted tiene problemas digestivos. Oh, y aquí. La base de su colon. Algo está definitivamente bloqueado.

En el momento en que ella dijo la palabra *riñones*, quedé enganchado.

Lorraine me frota los pies desde entonces.

Me he puesto súper sensible con mis pies. Y muy protector. No uso zapatos en la casa (ando descalzo o en calcetines, siempre lo he hecho) y esto puede ser un problema. Tengo pisos de madera, los que conservo limpios y pulidos, pero eso hace que el suelo sea tan resbaladizo y traicionero como una pista de hockey. Lo que realmente necesitaba eran calcetines con tracción. Imaginé algo con una banda de rodamiento en la parte inferior, una combinación de calcetín y neumático.

Recordaba haber oído acerca de algo llamado calcetines pantuflas. Los busqué en línea. Encontré unos llamados Totes, que básicamente son calcetines con suela de goma. Revisé todos los estilos. No quiero menospreciarlos, pero no eran mi estilo. Eran muy... femeninos. No podía verme usándolos. Supongo que podría caminar por la casa con ellos si estuviera solo. Pero nunca los usaría si hubiera alguien más conmigo. Me vería como una chica de trece años en una fiesta de pijamas.

Entonces Lorraine me habló de los calcetines de compresión. Describió estas ajustadas medias transparentes que llegan hasta la rodilla o el muslo y son ideales para la circulación. Luego, para terminar de convencerme, dijo: "Son los calcetines más cómodos que jamás hayas usado".

Me entusiasmé. Hice una búsqueda rápida en línea y encontré una selección completa de estos asombrosos calcetines. Bueno, primero encontré medias que compresión, que se parecían a las medias que usaba mi abuela debajo de sus pantalones Capri. O el tipo de medias que un ladrón de bancos lleva sobre su cara. Las miré fijamente con horror. Me vi tirando de las medias hacia arriba hasta la pierna y mi rostro se transformó y se convirtió en la cara de una vieja tía mexicana y empecé a gritar.

¡NOOOOO!

Salí de esa página y fui a la de los calcetines de compresión.

Mejor.

Más o menos.

En primer lugar, nadie menor de cincuenta usa calcetines de compresión. No es un *look* juvenil. O un *look* estiloso. Los chicos de *Jersey Shore* no usan calcetines de compresión. Aparentemente, tampoco usan condones.

Los calcetines de compresión aumentan el flujo sanguíneo a través de tus piernas. Son para personas con venas varicosas y mala circulación. En otras palabras, para personas viejas. Pero este es el punto: una confesión sobre mis calcetines de compresión.

No me importa cómo se ven, los calcetines de compresión son el artículo de vestir más cómodo que he usado en toda mi vida. En serio. Es como si estos calcetines pusieran todo en su lugar de una manera celestial. La primera vez que me puse mis calcetines de compresión, dije: "Guau. Esto se siente bien. Esto se siente mejor que bien. Esto es fantástico. Amo mis calcetines de compresión".

Mi único problema con usar calcetines de compresión es que no quiero que nadie sepa que uso calcetines de compresión. Porque a pesar de que los puedes conseguir en línea, hasta no saber bien tu ajuste adecuado, realmente necesitas comprarlos en una tienda de suministros médicos.

Y como estoy tratando de mantener una imagen algo juvenil, si alguien me ve entrando a una tienda de suministros médicos, estoy muerto. Cuando entras a uno de esos lugares, te das cuenta de que hay una enorme industria para personas mayores.

Tienen una sección completa de ropa que retarda las

llamas de modo que no nos prendamos fuego. Hay una amplia selección de pasamanos. Por cierto, si necesitas algún tipo de marcador para saber cuándo doblaste la esquina de la mediana edad a la vejez, aquí está:

Cuando tienes que poner un pasamanos para subir las escaleras hasta la cama.

Y son cinco pasos.

En la tienda de suministros médicos también encuentras muchas opciones de sillas de ruedas, algunas con asientos eyectables.

Eso es perfecto para cuando descubres que no puedes levantarte de tu silla por tu cuenta, después de cumplir, digamos, cincuenta y dos o cincuenta y tres. Todo lo que tienes que hacer es presionar un botón en el brazo y el asiento vuela hacia arriba y te expulsa hacia fuera (te eyecta) como si estuvieras en uno de los coches de James Bond. Excepto que no lo estás. Estás en una maldita *silla de ruedas*.

Luego, tienen dispositivos especiales que facilitan el ponerse la ropa. Encontré una herramienta llamada "button-hook/zipper pull" que tiene un cable que deslizas a través del ojal y luego tiras de él para no tener que luchar con el botón para abrirte la camisa. Sólo tienes que enganchar la cosa y tirar. También funciona con la cremallera. Supongo que lo pones al revés y la cosa abrocha los botones de tu camisa.

En realidad, eso no suena tan mal.

Siempre y cuando no olvide dónde lo puse...

En resumen, este lugar es para personas viejas. Si quieres parecer joven, no te pueden pillar entrando en una tienda de suministros médicos. Es peor que si te pillaran entrando en un salón de masajes asiáticos. Es difícil lograrlo, porque colarse en una tienda de suministros médicos sin que te vean es sólo la mitad de la batalla. También tienes que salir de ahí.

Generalmente, puedes controlar el entrar. Esa parte no es tan difícil. Sólo tienes que mirar a tu alrededor, asegurarte de que no hay moros en la costa, doblar el cuello de tu camisa hacia arriba, tirar de tu gorra de béisbol hacia abajo y correr a toda velocidad. Pero ¿salir? Ese es el problema. No tienes ni un control. No sabes lo que está pasando allá afuera. No tienes idea de quién podría estar afuera pasando por ahí, al acecho, listo para atraparte.

—¿George? ¿Eres tú? Sí. George Lopez. ¡Qué tal!

—Sí. Hola. Qué bien. Qué sorpresa. No te he visto en mucho tiempo. Te ves genial, sí, muy arreglado y en forma.

—¿Vienes saliendo de esa tienda de suministros médicos?

—¿Yo? No.

—Parecía que sí.

—Oh, bueno, pasé *a través* de la tienda de suministros médicos. Estaba en camino.

—¿En camino? ¿A dónde?

—La casa de masajes asiáticos. Estoy muy tensionado. Tengo los músculos agarrotados. Necesito relajarme...

—¿Qué hay en la bolsa? Oh, guau. No lo puedo creer. Calcetines de compresión.

—Son para mi tía. Tiene mala circulación. Y más tarde ella va a robar un banco. Por cierto, te ves fatal.

Mientras estamos en el tema de los pies y mis

cómodos calcetines de compresión, tengo otra confesión. Ésta es aún más rara.

Como hemos establecido, al cumplir cincuenta, todo empieza a decaer. Ya he admitido que me tiño el pelo. Pero el pelo blanco no sólo se limita al cabello en tu cabeza. Por ejemplo, mis pelos de la nariz se volvieron blancos. Los recorto todos los días. Y cuando veo un pelo blanco saliendo de mi nariz como una pequeña mala hierba nevada, lo corto enseguida.

Muchas veces noto uno nuevo cuando voy conduciendo. Lo veo de pasada en el espejo retrovisor. *Pop.* El pequeño maldito aparece así no más. Me vuelve loco porque mientras más viejo te pones, más fuertes se hacen los pelos de tu nariz. No estoy seguro de por qué. Debe haber alguna explicación científica. Pero una vez que un pelo de la nariz crece lo suficiente como para que lo veas sobresaliendo como una cola blanca, sabes que será una tortura sacarlo. Un buen tirón no lo logra. A menudo se requieren varios. E incluso tirar de un pelo de la nariz te hará llorar.

Para tirar de esas cosas, realmente necesitas una herramienta. Algún tipo de implemento. Un extractor de pelos de la nariz. Debería inventar algo así. ¿Cuán genial sería? Insertas un botón diminuto en la punta del dedo, lo incrustas allí como uno de esos chips electrónicos que pones bajo la piel de tu perro para poder rastrearlo si se aleja, luego pulsas el botón y aparece un pequeño extractor de pelos de la nariz. Sale volando de tu dedo para poder remover esos desagradable pequeños pelos sobre la marcha. Eso sería increíble. Voy a patentarlo.

Por cierto, no sólo mis pelos de la nariz se están poniendo blancos.

Mi pubis también.

Se está poniendo blanco como la barba de Santa Claus. Como un arbusto de nieve. También tiño esa zona. No puedo permitir que la gente me vea, incluso en la intimidad de mi dormitorio, y diga: "¿Quién eres? No eres George Lopez. George Lopez no tiene largos cabellos blancos en la nariz y un área púbica blanca como la nieve. No. Este no es George Lopez. O si lo eres, tengo que decir: ¿qué te pasó?".

Ahora, de vuelta a la confesión. Y esto no tiene nada que ver con la vanidad.

Me pinto las uñas de los pies.

Y estoy orgulloso de ello.

Por el momento (las estoy mirando ahora mismo) me he pintado las uñas negras. Y se ven geniaaales.

Sí, negras. Bueno, un tono de color negro. Yo lo llamaría un negro profundo de medianoche, no un negro suave que podría pasar por azul marino o gris marengo. Estoy consciente de todos los diferentes tonos. Hay docenas.

¿Por qué me pinto las uñas de los pies?

Dos razones.

En primer lugar, como ya he dicho, me importan mis pies. En tanto te haces viejo, tus dedos de los pies se ponen feos, tus uñas se parten y agrietan y se ponen feas y desastrosas. Así que me pinto las uñas de los pies para protegerlas.

En segundo lugar, mis dedos de los pies pintados se ven geniales.

Oye, un montón de tipos lo hacen.

Al menos un montón de tipos que yo conozco.

El primer tipo que me dijo que se pintaba las uñas de los pies fue Shaquille O'Neal. Sí, Shaquille O'Neal. Con sus siete pies y trescientas cincuenta libras. Pensé: "Si Shaq se pinta las uñas de los pies, no sólo no hay nada de malo en pintarse las uñas de los pies, sino que hacerlo es *cool*". Así que, sí, si Shaq se pinta las uñas de los pies, yo me voy a pintar las mías. Y si tienes un problema con eso, le voy a decir a Shaq que te parece que es un marica porque se pinta las uñas de los pies.

No me las pinto yo mismo. Eso sería raro. Voy a un salón de belleza. Al mismo lugar que va Shaq.

La primera vez que fui, pensé que simplemente me haría una pedicura. Quería ir despacio, dar un paso a la vez. No pensé en ponerme esmalte. Cuando la señora de la pedicura hubo terminado, dijo:

—¿Quiere color?

Le dije:

—No. Sin color.

Ella se encogió de hombros y dijo:

—Shaquille O'Neal, él viene, él pone color. Pone negro.

Le dije:

—¿Shaq se pone negro?

—Sí. Sr. Shaquille pone negro.

—¿Sabes qué? Has eso. Hazme lo mismo que se hace Shaq. Ponme negro.

—Una vez que prueba negro, no puede volver atrás. ¡Jajajaja!

Ella se puso a trabajar. Se tomó su tiempo, aplicó el

esmalte de uñas negro como una artista con un pequeño cepillo. Cuando terminó, miré mis pies durante unos treinta segundos. Me sentí extraño. Sentía como si estuviera mirando los pies de alguien más. Moví los dedos sólo para estar seguro.

—¿Le gusta?

—¿Sabes qué? —le dije—. Está bien.

Eso fue hace catorce años. Me he estado pintando las uñas de los pies desde entonces. Y he diversificado del negro. He experimentado con plateado y morado e incluso salí de un solo color y probé diseños. He probado destellos y remolinos y algunas manchas y craquelado. Después de toda mi experimentación, siempre acabo volviendo a un color sólido. Los diseños de uñas de los pies son demasiado femeninos. El pintarme las uñas de los pies me parece totalmente natural ahora. No me puedo imaginar mis pequeños dedos de los pies sin pintura. Me he convertido en un fanático de pintarme las uñas de los pies.

Lo sé. Parece una locura. Nunca habrías pensado que yo, George Lopez, me pintaría las uñas de los pies y que de hecho me gustaría cómo se ven mis pies. Yo nunca lo habría pensado tampoco.

Cuando cumples cincuenta, no debes tener miedo a probar cosas nuevas. Es hora de expandir tu mente. Agitar las cosas.

Un consejo.

Antes de entrar en el cajón, piensa fuera del cajón.

DURMIENDO CUCHARITA CON ROVER

CUANDO cumples cincuenta, la gente asume que no es posible que salgas con una mujer más joven. ¿Pelo blanco, mujer joven? No. No encaja. La gente no lo entiende. Y puede ser tan grosera. Tengo una amiga, una joven actriz (llámala Lindsey) de quien he estado siendo mentor. He estado dándole consejos, tratando de guiarla en los negocios y en la vida. Lindsey es joven, muy atractiva y pequeña. Si me ves caminando por la calle con ella y permites que tu mente llegue a especular *él está saliendo con ella*, pensarías que estaba saliendo con una niña pequeña. Así de joven se ve. Pero la mayoría de la gente se niega a ir tan lejos. Simplemente asume.

—Oh, hola. ¿Es tu hija?

La posibilidad de que pudiera tener una relación sentimental con una mujer tan joven y atractiva los desconcierta. Y ni siquiera me dan la oportunidad de presentarla o entablar una conversación. Preferiría esto:

—Oh, hola. ¿Cómo estás? Sharon, esta es Lindsey.

—Encantada de conocerte Lindsey. ¿Y cómo conoces a George?

Eso es mejor que la gente haciendo una enorme suposición. Entonces, o Lindsey o yo tenemos la oportunidad de dar una respuesta adecuada: "Hemos sido amigos por siempre" o "Estamos saliendo" o "Nos conocimos hace cinco minutos en Cheetah's. Ella me dio un baile erótico". Odio a la gente que se me planta delante y pregunta groseramente: "¿Es tu hija?".

LA POSIBILIDAD DE QUE PUDIERA TENER UNA RELACIÓN SENTIMENTAL CON UNA MUJER TAN JOVEN Y ATRACTIVA LOS DESCONCIERTA.

Nos hemos convertido en un país lleno de sabelotodos. Creo que es debido a toda la información que tenemos disponible al instante al toque de un dedo. Si estoy sentado en un restaurante con un amigo tratando de disfrutar un almuerzo agradable y tranquilo, la gente no tiene problema en sacarnos una foto con sus teléfonos inteligentes. Eso me vuelve loco. Nunca me negaría a sacarme una fotografía o dar un autógrafo si alguien me lo pidiera. Pero la gente que me saca fotos sin preguntar y luego las publica en Internet me molesta tremendamente.

Y hace que sea mucho más difícil mentir.

—¿Dónde estás, George?

—En el lavado de autos. Luego voy a ir a la tintorería y tal vez vaya a dar unos tiros...

—¿En serio? Te acabo de ver en Cheetah por Twitter, sentado en la primera fila. *"Ey, ¿adivinen quién está en la mesa de al lado? Almohadilla Georgelopez".*

Hombre, los medios de comunicación social. De repente, todo el mundo es reportero.

Realmente te joden.

Incluso si eres un mentiroso talentoso, nacido con cara de póquer, como yo.

UNA vez que dejé de mentir, todo cambió.

Incluyendo mis relaciones con las mujeres.

Cuando era joven, nunca me fue bien con las mujeres. No sé qué es lo que era. Tal vez era porque yo solía ser muy tímido e inseguro. Aun así, no tenía un aspecto terrible y siempre trataba de vestirme bien. No importaba. No lograba conseguir una cita. Ni una sola. Cero. Las mujeres simplemente no me encontraban atractivo. No podía echarme un polvo ni en una cárcel de mujeres.

Lo intenté. Salí con mis amigos, fui a bares, discotecas, conciertos. Busqué mujeres. Andaba al acecho. Pero nunca pasaba nada.

Una vez, en los años ochenta, fui a un bar con unos amigos. Encontramos una mesa, pedimos unos tragos y comenzamos a tomar. La habitación se puso caliente y llena de humo y comencé a sentirme sudoroso y un poco ido. El aire olía a sexo. A personas en busca de él. A personas dispuestas a darlo. El DJ puso la música tan fuerte que podías sentir el bajo vibrando en tus tripas. Todos mis amigos se levantaron y se dirigieron a la pista de baile. Cada uno encontró una pareja y partió con ella. Yo me quedé sentado solo en la mesa, mirando a todos los demás, bebiendo una cerveza, sintiéndome vacío.

Recorrí con la mirada la habitación. Fue entonces cuando la vi. Sentada sola, a unas pocas mesas de distancia. Una mujer de mi edad. Una visión. El tipo de visión que se ve al acecho a la vuelta de una esquina en una de las películas *Alien*. Para decirlo amablemente, esta mujer era muy poco atractiva. Por supuesto, tenía otras cualidades. También era gorda.

Perfecto.

Yo estaba harto de ser rechazado. Estaba harto de mujeres atractivas echándome un vistazo, levantando las narices y dando media vuelta. Había puesto la barra muy alta. Con el fin de entrar en el juego, tenía que bajar mis estándares. Si tratas de hacer un jonrón en cada lanzamiento, sólo vas a ponchar. Tienes que empezar por hacer una carrera sencilla. Sólo llega a la primera base. Luego puedes avanzar al *home*.

Acabé mi cerveza, me levanté y caminé tranquilamente hacia su mesa.

—Hola —le dije.

Le di mi mejor y más amplia sonrisa.

Giró la cabeza en mi dirección. De cerca, de hecho se veía aún más aterradora de lo que se veía desde el otro lado del oscuro bar. Sus labios se abrieron para revelar colmillos. Salté hacia atrás.

—Hola. Así que... sí... me preguntaba —le dije. Mi voz se quebró y luego chilló—: ¿Puedo invitarte un trago?

Ella dejó caer un regordete brazo en el respaldo de la silla a su lado. Me miró de arriba a abajo lentamente, como si me estuviera escaneado en la seguridad del aeropuerto. Separó sus labios de nuevo y sus colmillos aparecieron en su totalidad y se apoyaron en su labio. Creo que vi humo salir de su nariz.

—No, gracias —dijo.

Parpadeé. Tosí. Tragué saliva.

—¿Perdón? —le dije—. No escuché lo que dijiste. Está muy ruidoso aquí.

—Estoy bien —dijo—. Estoy esperando a mis amigas.

Ella gruñó y giró su cabeza escamosa hacia otro lado.

—Ah, okey, está bien, genial, voy a, ya sabes, estoy un poco sorprendido, pero, eso sí, *cool*, no hay problema, un gusto conocerte, disfruta el cambio de piel...

Me escabullí de vuelta a mi mesa, buscando una manera de desaparecer, con la esperanza de que de repente se abriera un agujero en el suelo para poder sumergirme en él y escapar. Mientras buscaba a tientas mi mesa, como un ciego, pensé: "Increíble. ¿Ella me rechazó? ¿Mothra dijo que no? ¿Cómo puede ser? Yo sé cómo. Soy un perdedor. No. Eso no es cierto. Soy el mayor perdedor en este bar. Es oficial. Soy el mayor perdedor del lugar".

Cuando miro hacia atrás a esa noche y pienso en el periodo de calma en mi vida amorosa, ese corto tiempo entre los veinte y los treinta años antes de conocer a mi ex-esposa, veo a otro tipo. Yo era una persona diferente. Me faltaba confianza en mí mismo. De alguna manera me sentía *menos* que los demás. Y era tan tímido que espantaba a las mujeres. Mi abuela siempre me decía: "Los tímidos no reciben ni mierda". Ella tenía razón, pero en ese momento saber que era tímido me hacía sentir aún más tímido. Esa es la razón principal por la que no lograba conseguir una cita. Las mujeres no querían saber nada de mí. No les era atractivo. Me refiero a *todas* las mujeres, incluso aquellas que estaban tan desesperadas que saldrían con cualquiera que caminara erguido y no babeara. Excepto conmigo.

Todo cambió cuando cumplí los cincuenta. Experimenté un cambio de actitud. Muy simple y básico. Ya que había llegado a una edad en la que estaba más cerca de la muerte, decidí primero relajarme, bajar el ritmo, tomarme las cosas con calma y no agitarme por pequeñeces e insignificancias. En segundo lugar, decidí vivir mi vida a mi manera, seguir mis instintos y no estar tan ansioso por hacer lo que decían otras personas.

Apliqué todo esto a mis relaciones con las mujeres. Me negué a convertirme en uno de esos tristes tipos cincuentones que ves sentados solos al final de la barra. Sabes a quién me refiero. Siempre hay un tipo viejo patético, tomándose lentamente un trago, jugando con su servilleta, que se ve perdido. Por una parte, nunca debes ir a un bar solo a los cincuenta. Tienes que andar con una pandilla de tipos, no importa cuál sea tu edad. Y es importante que cuides tu aspecto. Los tipos de cincuenta caminan por la cuerda floja en lo que a estilo se refiere. Te pones la ropa equivocada y todo mal. Has visto a estos tipos. Están tratando de verse jóvenes, o a la moda, o por lo menos relevantes. Se sientan en el bar con jeans de mamá y una chaqueta deportiva con parches y tal vez una bufanda. Además de la mirada triste de ojos de cordero degollado en su cara de Botox, su trago los delata. Siempre es un trago de viejo, un Manhattan o un whisky o un coctel que el camarero de veinticinco años ni siquiera sabe cómo preparar. El mundo está pasando como un rayo y este pobre hombre está ahí parado. Lo ves tocando su iPhone tratando de averiguar cómo enviar un Instagram. No es su culpa. La tecnología te llega en un parpadeo. Siempre hay algo nuevo que aprender y nuestros cerebros de cincuenta años de edad no se mueven tan rápido como lo hacían antes. Diez años atrás, él habría sido capaz de manejar Instagram sin problema. Ahora está sentado en un bar y no sabe qué hacer, sosteniendo la cosa al revés y hacia los lados, sacudiéndola, tratando de hacer que funcione.

HERMANOS, TIENEN QUE ACEPTAR SU PENE.

Cuando cumples cincuenta, tienes que aprender a aceptar el flujo natural de la vida. Debes aceptar lo que eres.

Y, hermanos, tienen que aceptar su pene.

Si vives lo suficiente como para llegar al punto en que tu pene no funciona, que así sea. Permite que permanezca flácido, en honor a sus servicios anteriores. No debes forzarlo a que se ponga firme. Celebremos a este honorable miembro. Está bien. Y no te preocupes de tomar la pequeña píldora azul. Las mujeres entienden. Si una mujer rechaza una cartera Louis Vuitton falsa, debería rechazar una erección falsa.

Un montón de tipos usan productos para mejorar su desempeño (llámalo *Hamburger Helper*, bueno, *Hotdog Helper*, supongo) y no les dicen a sus esposas. La esposa piensa: "Oh, Dios mío, es tan enérgico a los cincuenta y cuatro años como lo era a los veinticuatro. Claro que siempre parece necesitar una hora de aviso".

Sólo tienes que aceptarlo. Sé lo bastante hombre para decirle a tu mujer: "Mi pene funcionó durante cuarenta años, hemos tenido muy buenos momentos, viajamos, hicimos el amor por todo el mundo. Así que vamos a darnos la mano, hacernos el mismo corte de pelo y seguir adelante".

Estoy interesado en mujeres más jóvenes. No tiene nada que ver con sus cuerpos suaves y firmes. Bueno...

Están más abiertas a cosas nuevas. No son tan rígidas como el cemento en su forma de ser. Las mujeres mayores vienen con demasiada carga. En la relación con mi novia actual, pienso que es mucho mejor que sea yo el que tiene la carga. No tengo una casa lo suficientemente grande para la carga de dos personas.

En este momento, nuestra relación es bastante nueva. Aún no he experimentado esa sensación de temor que se apodera de ti cuando te despiertas por la mañana, te das vuelta, ves a esta persona dormida junto a ti y te dices: "Mírala. Tan hermosa, tan tranquila. Me gustaría que se fuera".

No me he sentido así. Todavía no.

Somos bastante compatibles. Es joven, le gusta quedarse levantada hasta tarde y dormir hasta tarde. Yo soy viejo, me gusta levantarme temprano y jugar al golf. Es ideal. Aunque, como la mayoría de las mujeres, odia el golf.

No puedo entender por qué eso es así.

Sólo sé que cuando una mujer ve a su marido o novio salir por la puerta con sus palos dice:

—No vas a jugar al golf, ¿verdad?

—Bueno, sí.

—¿Otra vez?

—Juego todos los domingos, lo sabes...

—Está bien. Anda. Diviértete. *Disfruta.*

No lo entiendo. ¿Qué hemos hecho? Vamos a un campo de golf, no a un club de striptease.

Por alguna extraña razón las mujeres se sienten amenazadas por el golf. Es casi como si el golf fuera otra mujer. O peor. Creen que nuestra relación con el golf es más importante que nuestra relación con ellas. O tal vez es así de simple. Las mujeres ven que la pasamos bien jugando golf, lo que significa que no estamos pasando un buen rato con ellas. No pueden soportar la idea de que en realidad podamos pasarla bien sin ellas. Tal vez si mintiéramos.

—George, ¿a dónde vas? Te ves muy mal.

—Me siento muy mal. Tengo que jugar *golf.*

—¿Otra vez?

—Lo sé, ¿no? ¡Qué maldición! Si no tuviera que hacer esto, no lo haría. Tú lo sabes. Preferiría tomar el *brunch* contigo y luego ir a comprar zapatos.

En cada relación en la que he estado, cuando se trata de golf, siempre existe ese terrible momento de la verdad. Tienes que prepararte para esta pregunta: "¿De qué hablan, chicos, allá en ese campo de golf durante cinco horas?".

No quiero mentir. Quiero decir la verdad. Quiero decir: "Bueno, de la panocha, principalmente".

Pero eso sólo alimentaría su odio por el golf. En algunos casos, Dios no lo quiera, puede motivarlas a practicar el deporte para poder *jugar con nosotros*. Cuando mi ex esposa amenazó con empezar a jugar golf, le dije a un amigo que iba a cortarme los brazos para así no tener que jugar.

La verdad es que realmente no hablamos tanto de la panocha. Cuando jugamos golf, hablamos de...

Déjame pensar.

En realidad, no hablamos. Realmente no lo hacemos. Esa es otra razón por la que no queremos jugar con las mujeres: no queremos hablar cuando jugamos golf. No queremos hablar en absoluto. Sólo queremos jugar. En silencio. Sin pensar en qué decir, o lo que pensamos, o lo peor de todo, lo que sentimos. Al diablo con eso. Esto es lo que a las mujeres más les cuesta entender. Cuando voy con tres tipos a jugar golf, no sólo no hablamos mucho, el noventa por ciento de las veces ni siquiera estamos juntos. Nos vamos cada uno por nuestra cuenta, haciendo nuestros tiros, solos, cada uno por sí mismo, sin pensar en nada más que en golf. Mi definición de felicidad.

Incluso mi joven, comprensiva y compatible novia no puede soportar que juegue golf. Por lo general me escapo de la casa cuando ella está durmiendo. Para cuando estoy de vuelta, ella acaba de levantarse y estamos listos para comenzar nuestro día. Pero una mañana, me di una ducha, me puse mi ropa de golf y, poco a poco, sin hacer ruido, de puntillas, comencé a dirigirme hacia la puerta. La oí crujir en la cama. Me di vuelta y la vi sentándose, con los ojos bien abiertos.

—Ey —le susurré—. Voy a salir.

Ella se tomó un momento para mirarme. Finalmente, registró que yo tenía puesta mi ropa de golf. Dejó escapar una ráfaga de aire que me golpeó como un tornado y rugió como un tren aproximándose.

—¡NOOO!

Mi cabeza se fue hacia atrás con la fuerza de su grito.

—Sólo voy... a jugar golf... estaré de vuelta en unas horas...

—¡NOOOOO!

No puedo pensar en una cosa que me haría enloquecer como a mi novia le enloquece que yo juegue golf. Oh, he tenido razones para volverme loco. Pero he mantenido la calma. Me he contenido. Llámala mi nueva actitud post-cincuenta. Por el afán del argumento, he aquí una razón que podría haber causado preocupación a otras personas. Habría encendido una alarma, por así decirlo.

Una noche, cuando estábamos fuera (después de que llevábamos saliendo un tiempo y las cosas empezaron a calentarse) ella dijo que si nuestra relación iba a ir más lejos, yo tendría que compartir sus afectos. Metió la mano en su bolso y un adorable cachorro chihuahua asomó la cabeza. Mi novia acarició al perro. El perro chilló y gritó alegremente y le lamió la cara. Tuve que admitir que el perro era muy tierno. Mi novia lo sacó completamente del bolso. El perro llevaba un vestido de color rosa.

—Espero que el perro sea niña —le dije.

—Por supuesto. ¿Y bien? ¿Qué te parece?

—Linda —le dije.

—Sostenla.

—No, está bien...

Me puso al perro en los brazos. El cachorro se retorció durante un par de segundos y luego se acurrucó contra mi pecho, se puso cómodo y me miró con sus grandes y adorables ojos redondos. Le acaricié la cabecita suavemente y entonces, lo juro, el perro sonrió.

—Espera. ¿Me acaba de sonreír?

—¡Sí! Esa es la prueba. Has pasado. Le agradas. —Entonces ella sonrió, no tanto de la felicidad, sino de alivio—. Nuestra pequeña familia. Esto va a funcionar.

ME gustan los perros. He tenido perros toda mi vida desde que era un niño. La mayoría se quedaba afuera porque mi abuela decía que era alérgica. Supongo que es posible, aunque ni la recuerdo estornudando. Cada vez que yo estornudaba me decía que no jodiera, que de todos modos iría a la escuela. Para faltar a la escuela, era mejor que estuviera sangrando, lo que, por cierto, ella decía que podría hacer que sucediera.

Creo que ella no quería lidiar con los perros dentro de la casa. Hoy no podría usar esa excusa tonta de ser alérgica porque la gente cría perros hipoalergénicos. También combinan razas a propósito. Yo tenía un perro que era mitad spaniel mitad poodle. Lo llamábamos chucho. Hoy en día ya no hay chuchos. Esa raza es ahora una raza muy especial y deseable conocida como spanieldoodle. Mi perro fue el resultado de dos perros que lo hicieron en el barrio. Hoy en día si un spaniel queda preñado de un labrador, lo llaman un labradoodle y cuesta $5.000 cada cachorro.

La gente planea el cruce de sus dos perros como si estuvieran organizando un retiro de parejas caninas. Juntan a los perros y los dejan corretear y juguetear y perder el tiempo como si estuvieran en una escapada canina de fin de semana en Maui. Cuando yo era niño, no se planeaba nada. Tu perra salía y regresaba embarazada. Yo decía: "Oye, la perra está preñada". Luego, cuando la perra daba a luz a este spanieldoodle, yo pensaba: "No quiero esto. Mi perra se cruzó con un cocker spaniel. Es feo". No sólo ese feo chucho ahora cuesta $5.000, sino que es considerado hermoso.

Los perros solían ser sólo perros. Los perros modernos se han convertido en privilegiados, incluso elitistas. He visto a perros mirarme como si fueran mejores que yo. Puedes verlo en sus ojos. Te miran hacia abajo.

Una vez me involucré con una mujer que realmente amaba a su perro, un enorme pastor alemán llamado Hans al que, lo juro, no le gustaban los mexicanos. Poco después de irnos a vivir juntos, tuve un mal presentimiento sobre Hans y la relación que tenían, lo que debería haber prendido alguna alarma respecto a ella también. Inmediatamente tuve la sensación de que no le agradaba a Hans. Había algo en la forma en que me miraba. Él olfateaba en mi dirección, levantaba la nariz y hacía una mueca, como si yo oliera mal. Hacía una especie de mueca, como si me acusara de haberme tirado un pedo. Por lo general, culpas al perro. Este perro me culpaba a mí.

Se lo comenté a mi nueva novia. Le dije que pensaba que su perro me tenía celos. Ella se rió.

—Tienes una gran imaginación —dijo.

—La tengo —le dije—, pero no estoy imaginando esto. Te estoy diciendo que no le agrado a tu perro. Sé que tengo razón.

Tenía tanta razón que una noche entré a la habitación y encontré al pastor alemán tumbado en la cama haciendo cucharita con mi novia. Ambos estaban profundamente dormidos, roncando tan fuerte como para despertar a los vecinos.

Me quedé inmóvil en el umbral.

—Qué diablos...

El perro levantó la cabeza, me miró, me lanzó una mirada de disgusto que decía: "Oh, eres tú", luego dejó caer la cabeza sobre la almohada y se volvió a dormir.

Ahora, sé que a algunas personas les gusta hacer cucharita con sus perros, pero eso a mí no me parece nada bien. Me doy cuenta de que están siendo cariñosos con sus perros, compartiendo un momento y no es gran cosa. No es como esa mujer de la que leí hace un tiempo que solía beber vino y ver la televisión en la cama con su orangután mascota. Cada noche, se servía una copa de un buen cabernet y otra para su orangután, colocaba un sedante en el vaso de él y se acurrucaban y veían una película juntos, algo con lo que ambos podían sentirse relacionados, como *El origen del planeta de los simios*.

Una noche, ella decidió cambiar las cosas y le sirvió al orangután un pinot noir. Él se enojó y le destrozó la cara.

No quiero decir: "Señora, oiga, ¿qué es lo que esperaba?", pero *¿qué es lo que esperaba?* Yo no pondría una pantera o un chimpancé en mi cama, aunque le diera una botella de whisky y un par de Vicodin mientras vemos HBO. Yo sé dónde trazar la línea. Cucharear es ir suficientemente lejos.

No pensé que tendría que preocuparme acerca de ningún comportamiento extraño con mi nueva novia veinteañera y su perrito chihuahua. A este perro yo sí le agradaba y a los tres nos gustaba pasar el rato juntos. Sólo tuve que adaptarme a un capricho menor que me desconcertó.

A mi novia le gusta vestir al perrito con vestidos, faldas y otros trajes caninos femeninos. Vamos, no es tan malo. En realidad, vestir al perro no me molestaba tanto. Casi que me acostumbré. Un día le puse una camiseta de los Lakers al perro (igual a la que yo llevaba) sólo que más pequeña y los dos nos acomodamos en el sofá a ver el partido. Incluso le di un sorbo de mi cerveza.

Luego sobrevino la tragedia unos meses después.

El cachorro se enfermó y murió. Así no más. El pobre perrito contrajo alguna enfermedad rara y eso lo acabó. Se fue al cielo de los perritos. Increíblemente impactante.

Mi novia cayó en una depresión terrible. La pérdida de su pequeño cachorro la dejó sin aliento. No podía levantarse de la cama. Se quedaba allí, día tras día, en estado de coma, sollozando, sin comer.

Yo estaba decidido a hacer algo para sacarla de su tristeza. Traté de animarla con bromas, invitando a sus amigos a visitarla, pasando con ella el tiempo que ella quisiera, dándole el espacio que fuera necesario. Incluso intenté *escucharla*. Algo tremendamente difícil de hacer para los hombres, pero lo hice. No la interrumpí o me quedé dormido o traté de alcanzar el control remoto. Ni una sola vez. Nada ayudó. Yo estaba desconcertado. Entonces mi amigo RJ me habló de una psíquica de mascotas.

—No te vas a creer esta mujer —dijo RJ—. Conversa con los muertos.

—Por conversar, quieres decir... no quieres decir... ¿qué quieres decir?

—Habla con las mascotas muertas de las personas.

—Okey, mira, eso mismo, me hace sospechar, porque los perros no pueden hablar —le dije.

—Es cierto, pero tienen pensamientos. Supuestamente. Esta psíquica de mascotas lee sus pensamientos.

—Ya veo. Ella lee sus pensamientos muertos —le dije—. No pueden ser los pensamientos actuales porque el perro está muerto.

—No sé cómo funciona.

—Entonces, después de que un perro muere, ¿sus pensamientos viven? ¿Eso es? ¿A dónde van? ¿Quedan capturados en una burbuja de pensamientos? O tal vez los perros siguen teniendo pensamientos incluso después de muertos. Tal vez su cuerpo muere pero su mente sigue adelante. ¿Es así como funciona? Ayúdame con esto.

—¿Cómo voy a saberlo? Sólo te digo que tal vez si tu novia habla con su perro se sentirá mejor. Sabiendo que el perro está en un lugar mejor y todo eso.

—Okey, ya veo, sí, bueno, suena a una locura. Una chifladura. ¿Dónde está este bicho raro psíquica de mascotas de todos modos?

—Hermosa Beach. Tienes que pagar en efectivo. Además, he oído que no es barata.

—Te apuesto. Probablemente cuesta un ojo de la cara.

Una psíquica de mascotas. Yo no podía creer que estuviera siquiera teniendo esta conversación. Como si yo fuera alguna vez a conducir medio camino a San Diego por la horrenda 405, la autopista más ocupada, más congestionada y más inductora de una migraña del mundo y pagar una millonada, en dinero en efectivo, para que mi novia pudiera hablar con su perro muerto.

Le conté a mi novia sobre la psíquica de mascotas, riendo casi todo el tiempo, tal vez siendo un poco despectivo. Me di cuenta mientras hablaba de que sus ojos se agrandaban. Cuando terminé, se sentó en la cama. Fue la primera señal de vida que había visto en ella en una semana.

—Tenemos que ir —dijo.

—¿Donde la psíquica de mascotas? Mira, no estoy seguro de que sea de fiar, además de que tenemos que ir por la autopista...

Se deslizó de nuevo en la cama y me dio lo que sólo puedo llamar una triste mirada de cachorro. Me derritió. Eso cerró el trato. No tuve otra opción. Hice una cita con la psíquica de mascotas.

Y así es como terminamos atrapados en la 405 en el tráfico de la hora punta del mediodía, que ni siquiera es hora punta, pero en la 405 siempre estás atrapado en tráfico de hora punta.

Yo estaba intrigado. De hecho, quería conocer a la psíquica de mascotas. Siempre he estado fascinado con la muerte. No sé por qué. Puede sonar morboso, pero siempre me he preguntado qué se siente estar muerto. Sé, por supuesto, que dejas de respirar y la gente no puede verte más y finalmente puedes dejar de preocuparte por el pago de tu cuota del auto y el mínimo de tu tarjeta de crédito y tu cuenta del cable, pero ¿qué se siente estar muerto? A medida que viajábamos por la autopista 405 a unas enérgicas tres millas por hora, me di cuenta de que tenía un montón de preguntas para el perro muerto de mi novia.

Sin embargo, principalmente quería saber la respuesta a la gran pregunta:

¿Qué es lo que realmente sucede cuando morimos?

Bueno, para empezar, creo que el cuerpo es un recipiente para el espíritu.

De hecho, he escuchado a gente decir que eliges tu cuerpo. Puede que sea así, pero a medida que envejeces, tu cuerpo se desmorona y no creo que uno elija eso. Tal vez sólo eliges tu cuerpo en el principio. ¿Cómo funciona eso? ¿Tu espíritu va a una sala de muestras y selecciona el cuerpo que quiere? ¿Es como un concesionario? ¿Se puede regatear?

"Este cuerpo es corto y rechoncho y puedo ver que el cabello ya se está cayendo. Puedo ver que estás peinando hacia atrás el cabello. No me estás engañando con ese peinado estilo cortinilla. Este cuerpo se va a quedar calvo a los treinta. ¿Cuánto cuesta algo más alto y más guapo, con una cabeza con mucho pelo?".

Sé que cualquier cuerpo que elijas se deteriorará. Y cuando tu cuerpo decaiga, no decaerá en silencio. Vas a dejar algo atrás: algunos pedos, algo de pis, posiblemente un poco de mierda. Por eso algún genio inventó la ropa interior protectora Serenity.

Así que, sí, tenía un montón de preguntas para la psíquica de mascotas.

Yo nunca había estado con un psíquico de mascotas antes (nunca había oído hablar de un psíquico de mascotas antes), pero sí creo en los psíquicos. Creo que algunas personas tienen un don, la capacidad de ver hacia el futuro, incluso, en algunos casos, para conectarse con las personas que han fallecido. Sin embargo, tienes que tener cuidado. No todo el mundo que dice ser un psíquico realmente lo es. No me detendría camino al aeropuerto para que algún psíquico sentado frente a su casa en una silla plegable me lea la fortuna. Pero si tengo una recomendación sólida de alguien de confianza, entonces vería al psíquico. De hecho tuve una experiencia increíble con un psíquico una vez, en los años ochenta. Me puso los pelos de punta totalmente. Y me metió en un montón de problemas.

Este psíquico, lo llamaré Bandini, era muy diferente. Tenía doble profesión: era a la vez psíquico y comediante. Sé que suena como si fuera broma, pero no lo es. Hacía su monólogo en clubes o en las casas de la gente y después de terminar su presentación, hacía lecturas. Fui a ver su show con una mujer con la que estaba saliendo de manera bastante seria. Después de su actuación, yo quería que nos fuéramos a mi casa y tener relaciones sexuales, pero ella quería quedarse y que le leyeran la palma de la mano. En lo que se refería a la negociación de nuestros planes para el resto de la noche, teníamos ideas muy diferentes. Pero le dije que fuera y lo hiciera. De todas formas, yo quería hacer una llamada.

Mientras a mi novia le leían la palma, encontré un teléfono público (esto fue antes de que existieran los teléfonos celulares) y llamé a esta *otra* chica que había estado viendo. Casualmente. De vez en cuando. Un par de veces. Habíamos ido juntos a la escuela secundaria y perdido el contacto. Luego, de alguna manera nos habíamos vuelto a conectar y habíamos salido la semana anterior. Casualmente. Un par de veces. A un motel.

—¿Cómo te fue? —le pregunté a mi novia en el coche después de su lectura, en realidad no me importaba mucho cómo le había ido. Lo que me preocupaba sobre todo era cómo llevarla de vuelta a mi casa.

—Interesante —dijo mi novia—. Me leyó la palma de la mano.

—Eso es una especie de cliché, ¿no? No es muy original.

—Llámalo como quieras. Definitivamente vio ciertas cosas.

—¿En serio? ¿Cómo qué?

Debo decir que en ese momento, yo pensaba que

todos los psíquicos estaban hechos de pura de mierda, capaces de sorprenderte diciendo unas cuantas "cosas increíbles" que descubrieron sólo siendo observadores.

—Bueno —dijo mi novia, aclarándose la garganta, sonando un poco molesta—, Bandini miró mi palma por un largo tiempo. Luego frunció el ceño y dijo: "Veo que estás con alguien. ¿El tipo con el que viniste aquí? ¿Es tu novio?" Yo le dije que sí. Eres mi novio, ¿no?

—Sí —le dije—. Por supuesto que lo soy. Claro. ¿Por qué me lo preguntas?

—Porque Bandini dijo que estás saliendo con alguien más.

Casi me salí de la carretera.

—Es una locura —le dije—. El tipo está loco.

—Vio una "J" muy claramente. Él pensó que su nombre comienza con una "J".

—¿Una "J"? —Empecé a toser—. ¡Ja! ¿Ves? Ahí lo tienes. Eso es incorrecto. No conozco a nadie cuyo nombre empiece con la letra "J".

—Bueno, él no estaba seguro de que la "J" fuera la primera letra de su nombre.

—Eso es porque Bandini el comediante psíquico está hecho de pura mierda.

—Pudo haber estado confundido.

—¿Pudo haber estado? Definitivamente estaba confundido. Estaba confundido porque está lleno de *mierda*.

Agarré bien el volante para que mis manos no temblaran.

—No, él estaba confundido porque no dejaba de ver

la palabra *Windjammer* junto con la "J". También vio el pasado martes y jueves por la noche muy claramente, como en un color púrpura fuerte.

Mi tos subió de mi pecho y se aferró a mi garganta. No podía respirar. Pensé que iba a perder el conocimiento.

—¿Estás bien? Esa tos suena horrible.

—Estoy bien. Me comí un par de tacos mientras tú estabas con el psíquico. Creo que la carne estaba contaminada. La salsa también era de un color extraño...

—No es cierto, ¿verdad?

—No. Por supuesto que no. Por supuesto que no. No. Ni una palabra de ello.

Bandini había dado en el clavo.

Con todo.

Me había visto con mi antiguo amor de la secundaria las noches del martes y el jueves en el Motel Windjammer en una sórdida habitación con alfombra púrpura, paredes púrpuras y una colcha de color púrpura.

Ah, ¿y su nombre?

Janine.

LLEGAMOS cinco minutos antes de la cita con la psíquica de mascotas. Estacioné delante de su casa, una pequeña y cuadrada casa estilo español de un nivel en una calle común y corriente cerca de la playa. Noté que la calle era un callejón sin salida, lo que, cuando lo piensas, parecía apropiado. Nos miramos el uno al otro, vacilamos, luego nos bajamos del coche. Al instante, todos los sentimientos de nerviosismo o extrañeza se desvanecieron.

Una sensación de relajo se apoderó de mí. Cogí la mano de mi novia. Caminamos hasta la puerta de la psíquica de mascotas y golpeamos.

Después de lo que pareció al menos cinco minutos, la puerta se abrió y apareció una mujer de setenta años de edad, tirando de un tanque de oxígeno. Parecía una versión vieja de Meryl Streep. Con ojos azul piscina. Una melena de cabello rojizo. Una sonrisa cálida rodeada por dos profundos hoyuelos. Puso sus manos juntas en oración e hizo una especie de reverencia.

—Bienvenidos —dijo—. Estoy muy contenta de conocerlos.

Y entonces, sin pensarlo, instintivamente la abracé. Me acerqué y puse mis brazos alrededor de ella. No tengo idea por qué. Me sentí obligado a abrazar a esta psíquica de mascotas parecida a Meryl Streep. No quería apretarla demasiado fuerte porque se sentía frágil y su respiración era trabajosa y salía en cortas rachas, resuellos, pero mientras la abrazaba sentí una sensación de calidez a través de mi cuerpo, como una corriente eléctrica. Nunca había visto a esta mujer en mi vida y sin embargo estaba disfrutando de uno de los mejores abrazos de todos los tiempos.

—Sí —dijo ella—. Lo sé.

Poco a poco se alejó de mí y puso sus brazos alrededor de mi novia. Se abrazaron durante aún más tiempo y mi novia empezó a sollozar. La psíquica de mascotas le acarició el pelo suavemente y le susurró algo y mi novia asintió. La psíquica de mascotas cerró los ojos y habló en voz baja con su voz rasposa.

—Tenemos mucho de qué hablar —dijo.

Suavemente se soltó del abrazo y comenzó a caminar hacia una habitación en la parte trasera de su pequeña casa, arrastrando su tanque de oxígeno portátil detrás de ella como una cola. La seguimos, pasando por un abarrotado salón completamente lleno de cristales; cristales sobre un viejo televisor, un aparador, mesas laterales, estantes. En el centro de la habitación, sobre una mesa de centro, había un Buda dorado rodeado por aún más cristales. A medida que caminábamos detrás de la psíquica de mascotas, unas campanas de viento cantaban fuera de un gran ventanal y emitían una luz dorada en nuestro camino.

Llegamos a una habitación en la parte de atrás de la casa, una especie de porche, y la psíquica de mascotas nos señaló un sofá de dos plazas frente a un sillón muy mullido. Nos sentamos y la psíquica de mascotas se dejó caer en una silla, colocando el oxígeno a su lado. Nos sonrió y luego cerró los ojos. Suspiró, dejó escapar un largo y purificador respiro y cayó en un profundo trance.

Después de dos minutos enteros, dijo:

—Si. Ajá. Veo un perro de aspecto extraño. Un spaniel cruzado con un poodle tal vez. Un chucho.

Mi novia me miró confundida, pero yo casi me caí del sofá.

—¡Ese es mi perro! De cuando era niño. Tuve ese perro durante dieciséis años.

La psíquica de mascotas bajó la cabeza y se cubrió la cara con las manos.

—A este perro le gustaba andar en coche.

Guau. ¿Cómo podría saber *eso*? Señora, a todos los

perros les gusta andar en coche. Esta psíquica de mascotas era una farsa. El tanque de oxígeno probablemente era de utilería, una manera de apelar a tu simpatía y hacer que le dieras más dinero.

—Este perro se volvía loco cada vez que agarrabas las llaves —dijo la psíquica de mascotas—. Esa era su señal. Tu cogías las llaves y él pensaba que iba a andar en coche contigo.

Guau. En esa dio en el blanco. Tragué saliva.

—Sí —le dije—. Era algo divertido.

—Cuando este perro envejeció, desarrolló problemas en sus caderas. Terrible. Finalmente, tuviste que sacrificarlo.

Maldita sea. Dos de dos.

—Sí —dije en voz baja—. Eso es cierto.

—Lo llevaste al veterinario y te fuiste. Sabías que era el final, pero no te quedaste con él. No podías hacerle frente. Sabías que si te quedabas, te desmoronarías, te quebrarías. Trataste de fingir que eras duro, que no tenía importancia. Pero sí importaba. Te fuiste porque sabías que era la única forma de no quebrarte. No querías llorar.

Me mordí el labio. Podía sentir las lágrimas brotando.

—Él quiere que sepas que todo está bien. Él entendió. Sabía cómo te sentías. Él sabía que lo amabas.

—Yo no sabía qué hacer... —dije, con lágrimas corriendo por mis mejillas.

—¿Estás llorando? —dijo mi novia.

—No —balbuceé yo—. Es alergia.

—Él te perdona —dijo la psíquica de mascotas—. Ahora, dice, tienes que perdonarte a ti mismo.

Colapsé. Traté de luchar contra las lágrimas. Y fracasé.

—Era un buen perro —le dije.

La psíquica de mascotas sacó un pañuelo de papel de una caja en la mesa junto al sofá de dos plazas y me lo pasó. Me lo llevé a los ojos y me soné la nariz. Mi novia negó con la cabeza y puso su mano en mi antebrazo.

—Ahora tú —dijo la psíquica de mascotas a mi novia.

La psíquica cerró los ojos y se hundió en aquel trance de nuevo, esta vez por unos tres largos minutos. Cuando abrió los ojos y habló, su voz parecía más alta y había perdido su aspereza.

—La escucho —dijo.

Mi novia me cogió la mano con tanta fuerza que pensé que me rompería un dedo. La psíquica de mascotas asintió con la cabeza y habló con una voz aún más alta.

—*Ey, morir fue un impacto tan grande para mí como lo fue para ti*—dijo la psíquica.

Mi novia se quedó sin aliento.

—*Fue rápido*—dijo la psíquica de mascotas en la nueva voz—. *Yo quería que sucediera rápido porque sabía que no podías soportar una enfermedad larga. Créeme, yo no quería pasar por eso tampoco.*

La psíquica de mascotas arrugó la frente, luego tosió y su voz rasposa volvió. Abrió los ojos y nos miró a la cara con detenimiento. Miró a mi novia fijo a los ojos.

—Fue una cosa rara, ¿no? Inesperada. El perro era tan joven. Un cachorro.

Mi boca se abrió como una escotilla. Pensé:

—¿Cómo sabe eso? Los cachorros no suelen morir. Nunca le dijimos una palabra al respecto.

—¿Sufrió algún dolor? —le preguntó mi novia.

—No, no, nada en absoluto. Sólo dijo: "Me impactó tanto como a ti".

—¿Pero no hubo dolor? —preguntó mi novia.

—No. Pero. Oh. Ajá.

La psíquica de mascotas arrugó la frente de nuevo.

—¿Qué? —pregunté.

—La veo de nuevo —dijo la psíquica—. Ella dijo... espera... está bien, lo tengo... dice que no le gustaba que la vistieran.

Mi novia dejó escapar un pequeño grito.

La psíquica de mascotas levantó la cabeza y miró hacia el techo. Frunció el ceño.

—Veo ropa. Mucha ropa. Ropa diminuta. Montones de ropa pequeña. Veo un pequeño vestido rosa y un sombrero rosa.

—Le puse eso para su cumpleaños —dijo mi novia y luego se volvió hacia mí—. Se veía adorable, ¿no?

—Oh, sí. Sí. Por supuesto. Muy linda.

—Pensé que a ella le gustaba ese atuendo —dijo mi novia.

—Al parecer no tanto —le dije.

—La ropa la ahogaba —dijo la psíquica de mascotas.

Mi novia se agarró por la cintura. Parecía herida.

—¿Es por eso que se enfermó? ¿Por la ropa? Dígame que no fue la ropa.

—Ella no se enfermó por la ropa —dijo la psíquica de mascotas—. Simplemente se sentía incómoda. La ropa le quedaba muy apretada.

—Eso suena correcto —le dije—. Me siento muy incómodo cuando mis pantalones están muy apretados. Pero puedo arreglármelos porque tengo pulgares. Incluso puedo quitármelos. ¿El perro? No.

Negué con la cabeza tristemente.

—No me di cuenta...

La voz de mi novia se fue apagando.

—La perra tenía un montón de ropa —le dije a la psíquica—. Eso es verdad. Un montón de ropa muy ajustada.

Mi novia me frunció el ceño.

—¿Pensaste alguna vez que sus ropas estaban demasiado apretadas? ¿Alguna vez te pareció que estaba incómoda?

Me retorcí en mi asiento. Traté de captar la mirada de la psíquica de mascotas, pero ella tenía la mirada perdida, evitándome. Miré de nuevo a mi novia.

—A decir verdad, un par de veces pensé que no le gustaba cuando le ponías ropa.

—¿Cuándo?

—Bueno, está bien, cuando le ponía la camiseta de los Lakers parecía que estaba bien, relajada, cómoda. Pero cuando le ponías ese vestido ajustado, el rosa, o esa faldita o esos pequeños pantalones Capri ceñidos, simplemente se quedaba sentada allí. No se movía. No se movía en absoluto. Cuando te dabas vuelta, ella me echaba una mirada que decía: "Quítame esto".

Mi novia se cruzó de brazos.

—No lo hizo.

—Sí lo hizo. Se podía ver en su rostro. *Odio esta ropa. Quítamela.* Se podía ver en sus ojos.

Mi novia me lanzó una mirada asesina y luego desvió la vista hacia la ventana.

—Nunca dijiste una palabra.

—Te lo estoy diciendo ahora. Es un poco tarde, te concedo eso. Te iba a decir algo la próxima vez que le pusieras la ropa apretada, pero, luego, ya sabes, ella se enfermó y después...

La psíquica de mascotas lentamente giró la cabeza y me miró a los ojos. Sostuvo su mirada sobre mí, me dio una mirada feroz.

—Ella quiere hablar con usted —dijo.

—¿Conmigo?

—Sí. Tiene algo importante que decir.

—¿En serio? Estoy sorprendido. Quiero decir, nos agradábamos, nos llevamos muy bien, pero no éramos cercanos.

Mi novia me dio un codazo.

—Estoy abierto. Escucharé. ¿Qué es lo que quiere decirme?

—Ella dice...

La psíquica de mascotas se detuvo, luego asintió con la cabeza como si estuviera escuchando a alguien dándole complicadas instrucciones. Empezó de nuevo.

—Ella dice que siente haber sido tan molesta cuando llegabas a casa. Quiere disculparse por ladrar tanto y correr una y otra vez alrededor de tus pies como una loca.

Esto era extraño. ¿Cómo iba a saberlo? Cada palabra que la psíquica de mascotas decía era absolutamente cierta.

—Está bien —le dije—. Dígale que está bien. Pude haber saltado o gritado un poco cuando ella me mordía los dedos de los pies, pero ya lo olvidé.

—¿Le gritaste? —dijo mi novia.

—No. No, en absoluto. En realidad no. Pude haber levantado la voz un poco. Ella me estaba mordiendo los dedos de los pies. No quería que mordiera mi esmalte de uñas, se asfixiara y muriera. Supongo que no habría importado...

—Hay algo más —La psíquica de mascotas cerró los ojos y frunció el ceño—. Estoy recibiendo algo de... palos de golf.

Me moví hacia delante en la silla.

—¿Palos de golf?

—Sí. Veo un montón de palos de golf alineados contra una pared.

Tuve que sostenerme para evitar saltar de la silla.

En mi casa guardo varios palos de golf alineados contra la pared.

¿Cómo podía ella saberlo?

—Bueno, eso es... increíble —le dije—. Nunca ha estado en mi casa, pero tiene razón, tengo un montón de palos de golf alineados contra la pared.

Podía sentir que mi novia me miraba, pero estaba demasiado impactado para mirarla. La psíquica de mascotas ahogó una risita.

—Golf, sí, por supuesto. Quería ir contigo.

—¿Conmigo? ¿A jugar golf? ¿La perra?

—Sí.

Hablando de ironías. Mi novia odiaba cuando yo jugaba, pero su perra quería ir conmigo. La perra amaba el golf. Esa pequeña y adorable perrita amaba el golf.

—Tal vez le deberíamos haber puesto ropa de golf en lugar de vestidos. Pantalones bombachos como Payne Stewart. Una pequeña gorra de golf. Pequeños zapatos con tacos...

Entonces, los dos empezamos a llorar, las lágrimas de mi novia fluyendo como un alivio, las mías de imaginarme al chihuahua vestido en un traje de golf diminuto conmigo en el primer *tee* en Pebble Beach. Lee Trevino se habría enamorado perdidamente.

—Mi bebé —dijo mi novia, a través de sus lágrimas.

—Mira hacia adelante —dije yo, a través de las mías.

SEXO A LOS CINCUENTA O... *NOCHE DE TERROR*

EL sexo después de los cincuenta es un juego completamente diferente.

En muchos sentidos, es mejor.

Cuando era más joven, hacía cualquier cosa para tener sexo.

En realidad, eso no es cierto.

Yo hacía cualquier cosa por la *posibilidad* de que pudiera cogerme a alguien.

Tan pronto como llegaba la noche del viernes, me preparaba para salir y me obsesionaba con cada detalle como si fuera un general planificando una guerra. Pensaba en dónde conocer a alguien para echarme un polvo, con quién echarme un polvo, qué vestir, qué decir y cómo actuar. ¿Debo tratar de ser *cool*? ¿Divertido? ¿Distante? ¿Interesado? ¿Aburrido? ¿Debo imitar a Marlon Brando (ultra *cool* y duro), Richard Pryor (hilarante y sensible) o a Richard Lewis (neurótico y judío)? Ey, yo haría lo que fuera necesario.

Prestaba especial atención a mi apariencia, no la menor de mis preocupaciones siendo...

¿Cómo debo oler? ¿Debo ir con el aroma varonil

básico y sólo usar Lava? ¿O debería echarme Axe? ¿O es que las mujeres realmente prefieren a hombres que se echan un toque de English Leather? ¿Qué hay de mi pelo? ¿Debo llevar el *look* húmedo, pelo secado con secador o esculpido con algún producto? ¿Y qué hay de la ropa? Siempre era un reto. Abría la puerta de mi armario, hurgaba a través de mi ropa como un loco y empezaba a sudar. Tantas decisiones, tantas opciones, tanta presión.

Al final, nada de mi preparación o preocupación importaba. Como ya dije, no era del todo exitoso con las mujeres. Miento. Tuve como cero en mis veintes y dos en mis treintas.

A medida que me fui haciendo mayor, adquirí más confianza y tuve más suerte. Es raro cómo eso sucede. ¿Has notado que cuanto más seguro te sientes y más duro trabajas, más suerte tienes?

A medida que empecé a salir más, empecé a notar un patrón. Todas las mujeres con las que salía parecían compartir algo en común, una cualidad específica.

Estaban todas locas.

Sí. Me atraía la locura.

O la locura se sentía atraída por mí.

Cada mujer con la que salí estaba loca.

Y si no estaban loca, roncaba.

Podía manejar una loca. Eso era fácil. Corría tan rápido como podía o cambiaba las cerraduras o me mudab..

¿Pero una mujer que roncaba?

Eso era imposible. Porque el ronquido te acecha. No te lo esperas. Es una emboscada en medio de la noche.

Lo peor fue cuando empecé a salir con una mujer en serio y le pedí que se fuera a vivir conmigo. Entonces (y sólo entonces) empezó a roncar. ¿Qué es eso? ¿Dónde estaba el ronquido antes? ¿Estuvo aguantando la respiración durante toda la noche durante meses antes de mudarse?

Cuando hablo de ronquidos, no me refiero a ese lindo y sexy sonido susurrante que puede ser totalmente excitante. No, estoy hablando de ese rugido con la boca abierta de olor agrio que sale de la cara de la persona a tu lado y que suena como un camión de basura retrocediendo mientras muele toda su carga a calidad de pulpa.

Esta mujer roncaba más fuerte que una banda de *death metal*. Trata de sentirte sexy con ese ruido saliendo de la persona que está inconsciente debajo de las sábanas a dos pulgadas de distancia.

La primera vez que la oí roncar, me desperté como si me hubieran electrocutado. Me senté en la cama de un salto. Pensé que la televisión había explotado. Entonces me di cuenta de que el sonido horrible que me estaba dando una migraña instantánea era en realidad mi reciente novia conviviente profundamente dormida, roncando como un motor a reacción aterrizando. No podía dormir en la misma cama con ella. No podía dormir en la misma habitación que ella. Qué diablos, no podía dormir en el mismo *piso* con ella. Tuve que dormir abajo. Así de fuerte y violentamente roncaba. Y en el momento en que su ronquido aumentó, mi deseo sexual se fue a cero. Ahora los médicos tienen un nombre para esta condición: apnea del sueño. Sugieren dormir con una máscara de Hannibal Lecter en la cara. Nada mata el deseo sexual más rápido que dormir en la misma cama con un caníbal asesino en serie.

Después de cumplir los cincuenta, mis sentimientos respecto al sexo cambiaron. Ya no estaba obsesionado con echarme un polvo. Comencé a ver a la persona en su totalidad y no sólo su cuerpo. Quería realmente llegar a conocer a alguien. Quería hacer posible construir una relación. Sentí la necesidad de tomarme mi tiempo, relajarme, reírme, conectarme. En la medida en que cambié mi actitud hacia el sexo, el sexo de hecho se puso mejor y me convertí en un mejor compañero. Creo que un montón de tipos se beneficiarían cambiando su enfoque con respecto a las relaciones sexuales. ¿Cómo lo hice? Fácil. Simplemente relacioné el sexo con el futbol. Comenzando con...

Si estás en la ofensiva, no siempre debes lanzar un pase bomba en el primer intento.

Tienes que ordenar las cosas. Prueba con un par de jugadas, incorpora un *slant*, un *screen pass*, un *draw play* por el centro. Luego, ve a la zona de anotación. No lances a la zona de anotación de inmediato. No te dejes absorber. *Vamos, métete profundo.* No. ¿Qué pasa si lanzas un pase incompleto? O peor aún, ¿qué pasa si lanzas una intercepción? No quieres eso.

Lo peor de todo, si anotas demasiado temprano, vas a terminar soltando la pelota.

En pocas palabras, el sexo después de los cincuenta requiere de un enfoque diferente. Tienes que adaptarte. Algunos ajustes ocurren automáticamente.

Primero, la habitación es más oscura.

Casi completamente negra.

Cuanto más oscura, mejor. A mí me solían gustar las lámparas de lava y el incienso. Ahora me gustan las cortinas *blackout*. Mi pareja puede querer ver mi cuerpo desnudo, pero ya lo he visto, todos los días, cuatro, cinco veces al día y, confía en mí, es mejor mantenerlo en la oscuridad. Cuando era más joven, podía tener todas las luces encendidas y las ventanas abiertas y la luz del sol entrando. Podíamos hacerlo con un espejo en el techo o iluminado por un foco o bajo luces más brillantes que las de un partido nocturno. No me importaba. Y no importaba cuándo: noche, tarde, amanecer, anochecer. No había mal momento. Podía estar en cualquier lugar también. En un coche, una piscina, un armario. No necesitaba aviso previo o calentamiento tampoco. Siempre estaba listo.

—¿Qué dijiste? ¿Quieres ir ahora? Genial. No, esa es advertencia suficiente. Más que suficiente. Hagámoslo.

Pero cuando cumples cincuenta, todo eso cambia. Pierdes, sobre todo, la espontaneidad. Esa es una de las primeras cosas que desaparecen. Tienes que planear de antemano. Necesitas que te avisen con mucha antelación para poder poner la cita sexual en tu agenda. Tienes que ingresar la hora del encuentro en el calendario de tu teléfono inteligente.

—Cariño, ¿qué tal la noche del miércoles?

—¿El miércoles por la noche? Déjame ver. Bueno, tengo un compromiso, pero no es importante. Puedo moverla. Esa otra cosa puede esperar. Bueno, sí, la noche del miércoles está bien. El jueves por la noche sería mejor. En realidad, el viernes sería incluso mejor. Me da mucho más tiempo para planificar y prepararme.

Sí, el sexo se convierte en algo que planeas. Un evento. Una actividad. Ojalá, una actividad regular. Muchos terapeutas y expertos en envejecimiento dicen que el sexo es mejor después de los cincuenta si eliminas las conjeturas. Dicen que debes dejar una noche para hacerlo, de preferencia la misma noche cada semana. El domingo por la noche cenas con los suegros, la noche del martes juegas bolos, el miércoles en la noche te echas un polvo. Una vez a la semana parece correcto. Más que eso puede ser demasiado esfuerzo para tu corazón. Menos que eso puede hacer que te seques. Un encuentro sexual semanal le da a un tipo bastante tiempo para prepararse, para concentrarse en el juego. El miércoles es perfecto. Es el día del sexo, ¿verdad?

Un montón de tipos llevan la cuenta.

"Quedan cinco días más. Cuatro más. Tres. Dos. ¿Hoy? ¿Ya es miércoles? El día del sexo es hoy. Hurra".

Esto puede sonar como que estoy mintiendo o que el mundo está al revés, pero cuando algunos tipos cumplen cincuenta, no siempre esperan con ansias la fecha semanal programada para el sexo. A medida que la noche se acerca, los invade un sentimiento de temor. Podría ser ansiedad en relación a su desempeño o la sensación de pérdida de espontaneidad o que odian que el sexo se haya convertido en una obligación. O tal vez simplemente no tienen ganas. Esa caída de la testosterona después de los cincuenta puede hacer eso. Cualquiera que sea la causa, saber que ha llegado la noche y calcular lo que se espera de nosotros, puede ser desmotivante. No queremos que se nos diga qué hacer. Somos hombres. Llevamos el mando. Se supone que nosotros debemos ser los que tomamos las decisiones. Sí, claro, eso es una mentira. Nunca tuvimos control sobre el sexo. Pero ahora, después de los cincuenta, empezamos a ponernos resentidos. Empezamos a pensar en excusas, sobre todo si hay algo bueno en la televisión, como un juego o un especial de vida silvestre o un *reality show* sobre cazadores de recompensas o la restauración de un casco de la Primera Guerra Mundial.

Algunos tipos tratan de eludirlo. Esperan coger la lombriz solitaria o algún tipo de virus. Algunos tipos se tiran por las escaleras. Eso por lo general funciona. Otros fingen migrañas. O, mejor, dolor de estómago. Ninguna mujer quiere estar con alguien que está con diarrea. Esa es una verdadera escapatoria.

La verdad es que realmente se trata de respeto. Y aprecio. Y compromiso. Quiero estar ahí para mi fiesta nocturna semanal del miércoles. Si estás en una relación con una mujer verdaderamente cariñosa, estar juntos afectuosa, amorosa e íntimamente puede ser todo lo que ella quiere. Por supuesto, si eso conduce a otra cosa...

No siempre fui así. Admito que hubo momentos, sobre todo durante mi matrimonio, en que pude haber sido un poco egoísta.

Una cálida tarde de sábado a finales de mayo de 1997 (ese día aún sigue grabado en mi memoria) le prometí a mi esposa que iría con ella a un festival de fresas. Ahora, me gustan las fresas tanto como a cualquiera, no hay nada de malo con meterte un par de fresas a la boca como bocadillo o esparcir un poco de mermelada de fresa en tu pan tostado, pero ¿un *festival* de fresas? ¿Un fin de semana completo dedicado a las fresas? ¿Con juegos y paseos y personas caminando vestidas como fresas? ¿En serio? ¿Por qué accedí a esto? ¿En qué estaba pensando? Pero me había comprometido. Prometí que iría.

Hasta que me enteré de que Tiger Woods había entrado en el torneo Bryon Nelson y estaba jugando contra un amigo mío. Tiger acababa de ganar el Master y estaba en una buena racha. Yo sabía que le iba a dar una paliza a mi amigo, pero quería verlo ir frente a frente con Tiger. ¿Cuántas veces te toca ver a un amigo jugar con Tiger Woods en televisión nacional? Yo quería ponerme cómodo en mi sofá, servirme un par de bebidas para adultos, sacar algunos aperitivos y ver el torneo de golf en mi pantalla grande.

Le comuniqué la noticia a mi esposa. Le dije que había cambiado de opinión. Iba a quedarme en casa y ver el golf. No saldría.

—¿Y qué hay del festival de fresas?

—Por desgracia, tengo un conflicto. Surgió algo. Algo imprevisto e inevitable. Tengo que ver el torneo de golf.

—Pero tú dijiste...

—Sé lo que dije. Y lo decía en serio. En ese momento. Pero mi amigo va a jugar contra Tiger. Podría ser una cosa única en la vida. No puedo perdérmelo. Tú puedes ir al festival de fresas sin mí. La pasarás mejor. A mí no me gusta tanto el pastel de crema de fresa, especialmente cuando hace calor.

—No voy a ir sin ti...

—Bueno, vas a tener que hacerlo . . .

Las cosas se intensificaron a partir de ese momento. Se exaltaron de algún modo. Gritos, chillidos, insultos, apuntar con el dedo. No recuerdo exactamente lo que dijimos, pero recuerdo portazos y un montón de llanto. Mi esposa se enojó también.

Pero en fin. Me salí con la mía. Mi mujer se fue al festival de fresas y yo me quedé viendo el torneo de golf. Me acomodé en el sofá, me quité los zapatos, apunté el control remoto y...

FFFZZZT.

El cable se apagó.

En un minuto estoy mirando a Tiger y un segundo después estoy mirando una pantalla completamente negra.

"Puta". Golpeé la parte trasera del control remoto con mi palma. Eso por lo general funciona. Probé el televisor de nuevo.

Nada.

No lo podía creer.

"¿El maldito cable se cortó?"

Golpe, golpe, golpe.

Nada.

Entonces me di cuenta de lo que había pasado. "Ella probablemente cortó el cable".

Gemí miserablemente. Pensé que esto era o bien un

ejemplo de mi suerte o Dios vengándose de mí por haber plantado a mi esposa.

Nunca vi a Tiger y mi amigo jugar en el Byron Nelson, pero al menos evité las largas colas a pleno calor en el festival de fresas.

Sin embargo, hasta el día de hoy, dieciséis años más tarde, me dan náuseas cada vez que alguien menciona algo que tenga que ver con fresas.

—¿Desea probar algún postre?

—Tiéntame. ¿Qué tienes?

—Tartas. Horneamos todas nuestras tartas aquí. Tenemos tarta de manzana, tarta de cereza y nuestra tarta favorita de la casa, una cremosa y empalagosa tarta de fresa...

Me dieron náuseas, me tapé la boca y corrí al baño.

TENER HIJOS DESPUÉS DE LOS CINCUENTA O... ¿ESTÁS LOCO?

HE sido bendecido con haber logrado un par de cosas en mi vida, pero cuando la gente me pregunta: "¿Cuál es tu logro número uno?", yo siempre digo: "Fácil. Mi increíble hija Mayan".

Ella es lo mejor que me ha pasado. Todo lo demás está en segundo lugar.

Y, créanme, me alegro de haber sido padre en mis treintas, porque cuando tienes más de cincuenta, tener un hijo te hace envejecer rápidamente.

Esa es la última cosa que necesitas, algo que te haga más viejo, más rápido.

Si tienes más de cincuenta años y te metes en una relación seria con una mujer más joven, la cuestión de tener hijos se va a plantear. Es inevitable. Y no te va a gustar. Una noche vas a estar en cama en lo tuyo, viendo la televisión o revisando tus *tees* de golf y tu novia, vestida con algo elegante y sexy, se va a arrimar a tu lado y muy casualmente empezará a tener "la conversación". Usualmente comienza con ella tocando suavemente tu labio con su dedo o mordisqueando tu oreja y luego diciendo algo como: "Estaba pensando en lo maravilloso que eres y lo afortunada que soy... ".

Oh-oh.

Prepárate.

Aquí viene.

Muy pronto escucharás algo como: "Me pregunto..." y entonces te distraerás. La mayor parte de lo que ella diga después pasará de largo a través tuyo, pero unas pocas frases clave quedarán, como: "Mi reloj biológico está corriendo" y "niños tan hermosos juntos" y "yo haré todo el trabajo pesado" y, la peor de todas: "Serás un padre increíble".

Mientras ella está haciendo su discurso para venderte la idea, tú estarás teniendo una conversación contigo mismo. Estarás pensando: "¿Quiero un hijo después de los cincuenta?" y en tu cabeza comenzarán a volar frases, como: "Tener un ataque al corazón jugando a la pelota", "dile adiós al sexo de mediodía", "medio millón de dólares para una escuela privada, dinero en efectivo, antes de impuestos, dinero en efectivo" y, el punto final, "voy a tener *setenta y cinco* años cuando el niño se gradúe de la universidad, espero poder reconocerlo".

Conocí a un hombre de unos cincuenta años, Marco, cuya veinteañera esposa, Terri, una noche se arrimó a él y comenzó a tener "la conversación del hijo". Marco ya tenían hijos grandes. Terri ronroneó y arrulló y lo mordisqueó y Marco sintió que se le aceleraba el pulso, pero no por el ronroneo, los arrullos y los mordisqueos. Estaba empezando a espantarse con la idea de tener otro hijo.

—Escucha, te amo —le dijo Marco a Terri—. Quiero estar contigo, pero yo ya tengo hijos. Yo realmente no quiero tener un bebé.

—No tendrás que hacer nada más que dejarme embarazada —le dijo Terri—. Eso es todo. Eso es todo lo que pido. Embarázame y ya está.

Eso no le sonaba tan mal a Marco.

—¿Eso es todo? —dijo Marco—. ¿Golpe y fuga?

—Eso es todo —dijo Terri.

—Bueno, yo estaría dispuesto a hacer un mínimo. Ya sabes, como hacer un cameo en una película.

—Está bien, ¿qué tal esto? Quiero ser completamente honesta y realista. ¿Qué pasa si establezco un límite para la cantidad de tiempo que tienes que pasar con él y me atengo totalmente a él? ¿Qué tal si te comprometes a estar con él durante dos horas al día?

Marco reflexionó al respecto.

—¿Dos horas al día? ¿Nada más?

—Te lo prometo. Después de dos horas, me entregarás el bebé y ya está hasta el día siguiente.

—Te voy a cobrar la palabra con eso —le dijo Marco. Y así fue.

Su hija tiene cuatro años ahora.

—Dedico dos horas al día a estar con ella y entonces mi hija y Terri saben que papá está cansado —me dijo Marco—. Llego a casa. Estoy un rato con la pequeña. Pasamos un par de horas de calidad juntos y luego se la entrego a Terri.

Este arreglo me parecía una locura. No lo entendía. Sonaba a la vez demasiado radical y demasiado bueno para ser verdad, al menos para alguien de más de cincuenta años que no quería otro hijo.

—Explícamelo una vez más —le dije a Marco—. ¿Simplemente le entregas la niña? ¿Cómo funciona eso?

—Fácil. Digo: "Aquí tienes, Ter, tómala". La mayor parte del tiempo me quedo, pero a veces, si quiero algo de paz y tranquilidad, me voy al apartamento.

—Pensé que te habías desecho del apartamento cuando te casaste. Dijiste que era demasiado pequeño.

—No. Me quedé con el apartamento. Era demasiado pequeño para mí, Terri y el bebé. Pero es perfecto para mí solo.

He oído hablar de dormitorios separados, o una cueva en el sótano o en el garaje, pero Marco había logrado tener casas separadas. O, en su caso, una casa y un apartamento.

—Esto es como *Mad Men* —le dije—. Tienes la gran casa en los suburbios y un apartamento en la ciudad.

—Si. Un departamento de soltero.

—Tengo que admitir —dije—, suena bastante bien.

—Oh, no —dijo Marco—. Es genial.

Esto nunca funcionaría para mí. Yo no podría tener dos lugares totalmente diferentes para vivir. Y no podría tener un hijo a mi edad. Soy demasiado viejo, demasiado vanidoso, demasiado fijo en mis ideas y, ¿ya lo mencioné?, demasiado viejo. No quiero que mi hijo me mire y diga: "Abuelo". Los niños pueden ver la diferencia entre jóvenes y viejos. Ellos pueden detectar a una persona mayor. Estás justo frente a él. Normalmente, el campo de visión de un chico está lleno de rostros jóvenes: sus amigos, sus padres, sus maestros, los padres de sus amigos. Mi hijo verá todo eso y una vieja cara arrugada. La mía.

No.

Yo no quiero eso.

Y no quiero que sus amigos digan: "Realmente disfruté jugando con el abuelo George. Él es genial, para ser una persona vieja. Jugó con nosotros durante casi cinco minutos antes de comenzar a respirar pesadamente y a agarrarse el costado".

No. No voy a hacer eso.

He hecho los cálculos. Si tengo un hijo a los cincuenta y tres años, en el momento en que el chico se gradúe de la secundaria, yo voy a tener setenta y un años.

¿Setenta y uno?

No puedo garantizarlo. Puede que no viva tanto tiempo.

¿Sabes cuando alguien dice: "Ey, tiene garantía de por vida"? Eso ya no significa nada. Solía ser importante. Si comprabas una cafetera y venía con una garantía de por vida y luego se echaba a perder, podías llevarla de vuelta a la tienda y te daban una nueva.

No puedo ofrecerle nada ni cercano a eso a mi hijo. Hasta donde yo sé, mi garantía de por vida significa cuatro meses.

Y cuando tienes un hijo, el tiempo se acelera. Envejeces más rápido.

Un día, estaba tomando una copa con algunos chicos después de una ronda de golf y un tipo sacó una foto de su familia: él, su esposa y sus dos hijos pequeños. El tipo estaba radiante, tremendamente feliz. No podía esperar a mostrarnos la fotografía.

Esto es lo que vi.

Dos lindos niños pequeños, una atractiva mujer joven de unos veintitantos o treinta años y este tipo viejo decrépito que se parecía a Dorian Gray. Su piel era pálida y arrugada, su pelo era fino, disperso y parecía pegado a su cabeza calva, y las orejas le colgaban hasta los hombros. Parecían guardabarros. Se veía tan fuera de lugar en esta familia vibrante, joven. No encajaba.

La imagen me dio escalofríos.

No quiero que me tomen esa fotografía a mí. Y si tuviera esa foto en mi billetera porque mi mujer me obligó a llevarla a todas partes, no se la mostraría a nadie por nada del mundo. O pondría la cabeza de George Clooney sobre la mía con *photoshop*.

No me veo haciendo las cosas más básicas, como vestir al niño. Me daño la espalda tratando de ponerme mis propios calcetines. Me tuerzo un músculo durmiendo. ¿Qué va a pasar cuando trate de ponerle los pantalones al chico o atarle los zapatos o ponerle una camisa? Estaré en el quiropráctico durante semanas.

Y luego, para lograr que el niño haga algo, a veces tienes que levantar la voz. Sabes que va a haber gritos y forcejeos. Entonces el niño va a llorar y tendrás que gritar más fuerte. Oye, ya estoy viejo. Los sonidos me molestan. Recientemente fui a ver a la banda Rush en concierto en el Teatro Nokia en Los Ángeles. Los chicos son amigos míos, así que estuve con ellos en su camerino antes del show. Cuando estaban a punto de salir al escenario, Alex Lifeson me dijo: "Oye, hombre, ¿quieres tapones para los oídos?" Me reí y le dije: "¿En serio? ¿Tan viejo me veo? No, gracias". Así que los escuché tocar así no más, sin tapones. Mis oídos retumbaron durante una semana. Sentí como si alguien me hubiera golpeado en la cabeza con una barra de metal. Aprendí algunos consejos valiosos esa noche.

Si está demasiado ruidoso, estás demasiado viejo.

Así que, claramente, me he vuelto sensible a ciertos sonidos.

Como el llanto de un niño. Me veo en el parque o en un juego y la gente empezando a gritarme porque le estoy gritando al niño y el niño está llorando, y luego alguien dice: "Oye, ¿puedes callar al pequeño?" Odio cuando un perro ladra en la casa de al lado. ¿Cómo puedo lidiar con un niño llorando sin parar en mi propia casa?

Tener un hijo te hará más viejo instantáneamente. No será una cosa lenta. Va a suceder, *bam*, así como así, como un balazo en la cabeza. Será mejor que te hagas el ánimo, porque tan pronto como el niño tenga edad suficiente para caminar y moverse por su cuenta, te vas a ver arrastrando el culo a todos estos estúpidos lugares para niños. Lugares diseñados para niños y padres mucho más jóvenes que tú y en mucha mejor forma. Me refiero a lugares como Gymboree y Karate Kids y esas locas fiestas de cumpleaños en Chuck E. Cheese. Ese lugar es una pesadilla. La cabeza me duele sólo de pensar en todos esos niños gritando dentro de ese sitio. Y, sin lugar a dudas, serás la persona más vieja en el lugar. La gente se te acercará y te dirá: "Disculpe, ¿usted es el dueño?".

Ahora, tómate un momento y piensa en los padres de estos niños. Sí. En los *padres* de los amigos de tu hijo. Una vez más, haz los cálculos. Digamos que tienes cincuenta y ocho años y tienes un hijo de cinco. Mira a tu alrededor en Chuck E. Cheese y échale un vistazo a los padres. Todos tienen veintisiete. ¿Sabes cuántos años tienes? Tú podrías ser *su* padre. Un tipo está arrastrando a su hijo alrededor de Chuck E. Cheese y tú podrías ser su padre. Pero, no, tienes que preocuparte de su hijo que está empujando el rostro de tu hijo en una pizza. Está mal y es una absoluta molestia.

Para mí, todo esto de tener un hijo después de cumplir los cincuenta es como una pelea de lucha libre.

Estás en el ring con tu oponente. Lo estás agarrando, estás luchando y rápidamente comienzas a perder tu ventaja. Tu oponente se retuerce fuera de tu alcance, gana la ventaja y se pone en posición encima tuyo. Eso es todo. Estás acabado. Fin. Porque una vez que pierdes tu ventaja, estás a merced de la persona que está sobre ti. ¿Y sabes lo que hay sobre ti?

La edad.

Todo lo que puedo oír es ese gran reloj haciendo tic. Tic, tic, tic.

Cada día es otro tic.

El reloj está corriendo, amigo.

Puedes hacer lo mejor posible. Puedes perseguir a tu hijo en el parque hasta que tu aliento ceda y estés aspirando aire y empieces a sentir una puñalada de dolor en el costado y como si te fueras a partir en dos. Puedes gritarle a tu hijo que deje de meterse lápices por la nariz hasta que lo único que oigas sea el sonido de tu propia voz gritando y creas que tu cabeza va a explotar. Puedes tratar de lidiar con las mejores intenciones, pero no puedes evitar esto...

Tic, tic, tic.

Sí, cuando tienes un hijo después de los cincuenta, la vida es una pelea de lucha libre.

Y estás a punto de ser derribado.

MANTENTE EN FORMA O MUERE INTENTÁNDOLO

ES importante mantenerse en forma a cualquier edad, pero realmente tienes que cuidarte después de los cincuenta. Una vez que llegas a ese número, empiezas a ir cuesta abajo, muy rápido. Seamos honestos. Nuestros cuerpos no están hechos para durar. ¿Y después de los cincuenta? Maldita sea. Cuando me despierto y examino mi cuerpo, siempre me sorprendo con lo que veo.

"¿Quién diablos es ese? ¿Soy yo realmente? ¿Así es como me veo? ¿Qué diablos pasó? ¿A dónde se fue el veinteañero? ¿Quién es ese viejo que me mira fijamente de vuelta?".

Lo primero que hago cada mañana es mirarme al espejo. Quiero ver lo mucho que he envejecido en medio de la noche. Puedo decirlo mirando mi pelo. Si se ve mejor de lo que se veía cuando me fui a la cama, con más volumen de lo que lo recordaba, entonces sé que he suspendido la caída rápida un poco más y que va a ser un buen día. Luego, sintiéndome

CUANDO ME DESPIERTO Y EXAMINO MI CUERPO, SIEMPRE ME SORPRENDO CON LO QUE VEO.

como si hubiera esquivado una bala, tomo mi primera ducha del día.

Por cierto, puedes haber pensado que lo primero que hago cada mañana es ir a mear, pero ya me he levantado cuatro veces en la mitad de la noche. Y, créeme, esos cuatro viajes al baño no han sido ningún picnic.

Permíteme comenzar diciendo que amo las pijamas. Las colecciono. Pantalones de pijama, para ser exacto. He acumulado veinte o treinta pantalones de pijama muy lindos en todos los diferentes modelos y colores (rojo, blanco y azul, verde oscuro, morado, morado y gris, a rayas, en colores sólidos, franelas, todos los tipos) porque cuando era niño, nunca dormía en pijamas. No podíamos darnos el lujo. En el invierno, dormía en mis jeans y en el verano dormía en ropa interior. No me gustaba dormir en jeans porque mis piernas transpiraban, no importaba cuál fuera la temperatura, y me pegaba a la tela. Sería como dormir en un grueso, pesado y rígido saco. Pero *odiaba* dormir en ropa interior. Yo tenía el sueño inquieto y me sacudía y daba vueltas y me enredaba entero. Despertaba con ambas piernas atascadas en el agujero de una pierna. Me sentía increíblemente extraño e incómodo. También parecía una campana con mi sola pierna sobresaliendo como un badajo. Me prometí que si alguna vez ganaba algo de dinero, me compraría pijamas muy cómodas.

Esto es lo mucho que amo las pijamas.

Quiero ser enterrado en una pijama.

¿Por qué no?

La gente dice que la muerte es como dormir, ¿no?

Eso no suena mal. Me encanta dormir. Y si voy a dormir por toda la eternidad, voy a usar pijamas. Creo que los directores de funerarias están de acuerdo conmigo porque siempre ponen una almohada en el ataúd. Así que, olvídense del rígido traje negro que le ponen a los muertos. Y los incómodos zapatos de vestir. Yo quiero usar mi pijama y mis pantuflas.

Soy tan feliz usando mi pijama en la cama que me molesta levantarme en medio de la noche para ir al baño. Sólo quiero permanecer bien acurrucado bajo las sábanas. De hecho, he considerado tener una de esas botellitas que ponen en el hospital justo al lado de la cama, por si acaso. Así, cuando llegue la tentación en medio de la noche, lo único que tengo que hacer es darme vuelta.

Mientras tanto, voy al baño con la misma frecuencia que la mayoría de los hombres normales de más de cincuenta: cada par de horas, como reloj. Sin embargo, siempre mantengo un par de pantalones de pijama adicional a mano, por si acaso durante una de mis idas al baño accidentalmente goteo un poco de orina en mis pantalones de pijama. Puede suceder. En ese caso, me cambio la pijama vieja y me pongo el par de repuesto. No es gran cosa. He aprendido a hacer esto en un abrir y cerrar de ojos. Es como cambiar neumáticos en NASCAR, salvo que yo soy un equipo de mecánicos de una persona.

También he aprendido a dejar que tus sueños sean tu señal. Hacer esto te puede ahorrar un cambio de pijama a las dos de la mañana. Si te encuentras de repente perdido en un sueño encantador en el que se estás caminando a través de un hermoso riachuelo cálido, tan cálido y relajante que puedes hasta *sentir* el agua, oblígate a despertar, porque estás a punto de arruinar esa carísima pijama de franela que compraste en Barney's. Sí, ese riachuelo está a punto de desbordarse en tus pantalones. Supongo que por eso los llaman los Años Dorados. Solía pensar que el nombre provenía de la mitología griega y la Edad del Hombre. No. No es así. Estos son los años dorados porque hay una buena posibilidad real de que te termines meando en los pantalones.

Bueno, volviendo a la rutina de la mañana. Ya orinaste, te miraste en el espejo y es el momento de meterte a la ducha. Me parece que esa primera ducha es estimulante. Me tomo mi tiempo, me froto el cuerpo y disfruto del calor del agua golpeándolo suavemente. Ahora, un consejo muy importante.

Todo el mundo debería tener una bata. No importa qué tan viejo o joven seas, necesitas una bata. Si eres joven, puedes fingir que estás ocultando algo maravilloso. Una sorpresa. Un regalo. Incluso si sabes lo que es el regalo, es siempre mejor envolverlo. Es mucho más emocionante de esa manera.

Si tienes más de cincuenta años, no te preocupes por darle a nadie un regalo. He aceptado el hecho de que ahora estoy en una edad en que me veo mejor vestido que desnudo. Así que, definitivamente, mantén tu cuerpo envuelto. Y mantén una bata cerca. No quieres tener que atravesar caminando la habitación para alcanzar tu bata. No quieres correr el riesgo de tener que verte desnudo. De hecho, quédate en la ducha lo suficiente para que todos los espejos en el baño se nublen con el vapor, de modo que no te eches un vistazo accidentalmente. Este consejo vale la pena repetirlo:

Mantén una bata cerca.

Yo tengo mi bata justo afuera de la ducha. Todo lo que hago es estirar la mano y agarrarla. No hay estrés ni tengo que andar buscándola a tientas. Incluso reviso que mi bata esté lista la noche anterior. No me arriesgo.

A veces, cuando me froto el cuerpo con jabón, cierro los ojos y pienso *¿Por qué cierro los ojos? No me entró jabón a los ojos.* Entonces recuerdo. No quiero verme. Es por eso que cierro los ojos. Para protegerme. Escucha, esto es un hecho. Los chicos persiguen tetas toda su vida. Si vives lo suficiente, obtendrás las que siempre has querido. Salvo que tú las llevarás. Conozco a tipos que dicen: "No me gustan las tetas grandes. Me gustan más pequeñas, que quepan en la mano". Bueno, espera un rato. Las vas a conseguir.

Mantenerse en forma es muy importante, pero hay que tener cuidado con las actividades que haces, los deportes que juegas, el tipo de ejercicios que escoges. Cuando tienes veintitantos, te sientes invencible. Nunca te lastimas a menos de que realmente hagas algo para hacerte daño, porque en tu mente, todavía estás en la escuela secundaria. Juegas futbol o hockey o baloncesto o beisbol. Algunos tipos incluso arrastran a sus esposas o novias a verlos. Créeme, no quieren estar allí, y cuando lleves casado unos cuantos años más, te van a hacer pagar.

Cuando los hombres llegan a los treinta años, siguen jugando los mismos deportes que deberían haber abandonado diez años antes, pero ahora sus cuerpos han comenzado a decepcionarlos. Un montón de tipos sigue jugando al baloncesto a través de su década de los treinta y en los cuarenta. Están jugando con fuego. De repente, *riippp*, todos esos tipos se desgarran el tendón de Aquiles, que es la manera como Dios te dice que te sientes de una maldita vez y elijas otra actividad. Golf. O la piscina. O los dados.

Cuando pasas los cincuenta, te haces daño sin hacer nada. Te tuerces músculos y desgarras tendones mientras duermes. Me desperté una mañana y no me podía mover. Le eché la culpa al colchón. Tenía que ser el colchón porque honestamente yo no había hecho nada. Todo lo que hice fue dormir. Lo único que se me ocurrió fue que el colchón era el culpable. No podía aceptar que tal vez me había torcido un músculo cambiando de posición en mi almohada.

Hace un par de meses, decidí que tenía que hacer algo para estar en mejor forma. Juego golf, me estiro y soy bastante flexible, pero necesitaba añadir algo de ejercicio aeróbico para desarrollar mi respiración y fortalecer mi corazón. Además, estaba preocupado por los malos genes de mi familia. Mi abuela tuvo problemas en el corazón a los cuarenta. Me doy cuenta de que parte de su problema fue a la vez cultural y la época en que vivíamos. En su experiencia, nadie se metía a un gimnasio y a nadie le importaba lo que comía. Mi abuela vivió con una dieta a base de manteca de cerdo, mantequilla, carne de cerdo, frijoles y queso. ¿Ensalada? No había ensaladas. Nadie había escuchado de las ensaladas. Era como una comida exótica o algo que sólo se podía conseguir en un restaurante francés.

Mi abuela intentó ser consciente de su peso, pero no salía a caminar o a correr ni hacía ningún tipo de ejercicio. Recuerdo que un día, cuando yo tenía alrededor de once años, llegó a casa con una caja. Acarreó la cosa dentro y la puso en medio de la sala de estar. Dijo:

—Esta es una caja de sudor. Muy cara. Es buena para ti. No la toques.

Salió de la habitación y yo rodeé la cosa como si fuera una criatura extraña, mágica. Extendí la mano y froté el costado durante un segundo, y luego saqué la mano de inmediato, como si me hubiera quemado. Un par de minutos más tarde, mi abuela regresó en traje de baño. Tenía una toalla envuelta alrededor del cuello. Abrió uno de los lados de la caja, entró, la cerró a su alrededor, apretó un interruptor en alguna parte y la encendió. La caja zumbaba. Me quedé clavado mirando el sudor empezando a acumularse en su frente. Ella cerró los ojos y se dio unas palmaditas en la frente con la toalla. Entonces abrió los ojos y me vio mirándola fijamente.

—¿Y ahora qué? ¿No tienes nada que hacer? No te quedes ahí parado. Ve a jugar. Estoy haciendo ejercicio.

Supongo que mi abuela no perdió nada de peso porque cuando llegué a casa de la escuela más o menos una semana después, la caja de sudor no estaba. Pero mi abuela no se dio por vencida. Estaba decidida a bajar de peso. Un día la encontré hurgando en los muebles de la cocina.

—Tengo que bajar de peso —murmuró.

—¿Qué pasó con la caja caliente?

—La tiré a la basura. Era un pedazo de mierda, una estafa.

—¿Qué estás buscando?

—No es tu problema. Ah. Aquí está —Sacó una gran bolsa de plástico negro, de esas que llenas de hojas cuando rastrillas el pasto—. Me voy a poner una bolsa de plástico, ya que tengo que perder algo de peso. Esto va a funcionar.

Hizo un agujero en la parte superior de la bolsa, para la cabeza, y dos laterales, para los brazos. Se puso la bolsa sobre la cabeza, la jaló hacia abajo sobre su cuerpo y ajustó el centro con un cinturón.

—¿Y ahora qué? ¿Qué estás mirando?

—Nada —le dije. No podía dejar de mirarla con la bolsa puesta.

—Cierra la boca. Este no es tu problema. Pero si no dejas de mirar, lo va a ser.

No recuerdo cuánto tiempo llevó puesta la bolsa de plástico. Me pareció como un mes o más. Cada mañana se ponía la cosa y la llevaba puesta mientras hacía su trabajo alrededor de la casa, las tareas domésticas, cocinar, limpiar, usaba la bolsa como si fuera un vestido. Cada vez que se movía, se oía un molesto sonido de la bolsa arrugándose por toda la casa: *VWWSH, VWWSH, VWWSH.* Finalmente, gracias a Dios, se dio por vencida y comenzó a usar papel plástico debajo de la ropa, que es algo que los entrenadores personales recomiendan hoy en día cuando haces abdominales o sentadillas para ayudarte a sudar algunos kilos y apretar tus músculos abdominales. En lo que se refiere a usar papel plástico alrededor de la cintura, mi abuela se adelantó a su tiempo. Pero nunca la vi hacer abdominales y no creo que haya perdido mucho peso.

No soy del tipo que se mete a un gimnasio o centro de acondicionamiento físico. Para mí, esos lugares parecen mercados de carne, clubes nocturnos con menos ropa. Cuando tienes más de cincuenta años, realmente no encajas ahí. Te sientas en el banco en el vestidor. Empiezas a desvestirte. Te sacas la camiseta y de repente experimentas el temido "fenómeno de un pelo". Tienes un pelo que sale de tu brazo, uno que sale de tu muñeca, uno de tu hombro y, lo peor de todo, un pelo largo saliendo al lado de tu pezón. No estás en la mejor forma física de todos modos, que es lo que te trajo hasta ahí en primer lugar, así que el fenómeno de un pelo es la última cosa que necesitas. Y luego le echas un vistazo al tipo que se esta vistiendo al lado tuyo. Es joven, seguro de sí y completamente musculoso, y te dices: "¿Por qué estoy aquí?".

Es por eso que empecé a subir escaleras.

Vivo en una casa de tres niveles en Hollywood Hills: un piso superior con las habitaciones; una planta baja donde está el salón, el comedor y la cocina; y un nivel inferior con una casa para huéspedes. Un día fui a la casa de huéspedes y se me ocurrió mirar hacia el tramo de escaleras que iba desde donde yo estaba, el piso inferior, a la parte superior (desde la casa de invitados al piso de arriba) y calculé que tenía por lo menos cincuenta peldaños en mi casa, en una pendiente. De repente tuve una epifanía.

Podía ponerme en forma aquí, en mi propia casa, en mi tiempo libre, de forma gratuita. No tendría que ir a un gimnasio, que era realmente un mercado de carne. No tendría que contratar a un entrenador que me haga ponerme papel plástico debajo de la camiseta al tiempo que me sujeta las piernas mientras yo hago abdominales. No tendría que mirar un montón de cuerpos firmes en un video de ejercicio, involucrados en una especie de porno, fingiendo que están ejercitándose.

Me limitaría a subir y bajar las escaleras de mi casa, cinco veces al día. No necesitaba una membresía ni ningún tipo de equipo. Todo lo que necesitaba era un par de tenis decentes.

Yo ya estaba en paz con la idea de que cuando haces ejercicio después de cumplir cincuenta años, sólo estás arreglando lo que hay adentro. Llegué a esa conclusión hace varios años cuando descubrí que podía levantar pesas como un loco durante horas todos los días y mi cuerpo se vería exactamente igual. Tan pronto como lo descubrí, dejé de levantar pesas. Ahora, lo mejor que puedo esperar del ejercicio es que mi médico observe mi análisis de sangre y baje mi dosis de Lipitor.

—Oh, Dios mío, mírate. Debes estar haciendo ejercicio. Voy a reducir tu Norvasc a 10 miligramos.

Esa es tu victoria. Eso es ganar la carrera de cien metros, llevarse el partido con un tiro de tres puntos, hacer tu jonrón final.

—Guau, George, tu nivel de colesterol ha bajado a

180. Oh, *Dios mío*. ¿Qué has estado haciendo? Estoy tan orgulloso de ti.

Seamos claros. Las escaleras no son pan comido. De hecho, después de los cincuenta, las escaleras son un gran y molesto problema. Cuando tienes veinte, no piensas dos veces antes de subir escaleras. Ni siquiera caminas, corres escaleras arriba, saltando dos escalones a la vez. Haces una carrera con tus compañeros para llegar arriba. Ahora, si voy a una reunión importante y el ascensor está fuera de servicio, digo: "Genial, bueno, voy a llamar al tipo y decirle que estuve aquí, pero que el ascensor estaba fuera de servicio. Lo siento".

Así que me puse mi ropa de entrenamiento, mis tenis, los amarré, estiré los músculos un poco, me solté y luego empecé a subir las escaleras. Cinco veces, me dije, cinco veces es mi mínimo. Voy a hacer cinco repeticiones hoy, luego aumentaré la cantidad progresivamente. Al final de la semana voy a llegar a mi meta, diez repeticiones, y luego veré cuánto más quiero hacer de ahí en adelante. Sé que quiero caminar por las escaleras durante al menos cuarenta y cinco minutos, y luego llegar a una hora.

Empecé en la parte superior.

Astuto.

Inspiré, exhalé, abrí los brazos y bajé las escaleras.

Esa es una repetición.

Subí las escaleras.

Dos repeticiones.

Bajé las escaleras.

Tres repeticiones.

Subí las escaleras.

Cuatro repeticiones.

Lancé un grito ahogado. Jadeaba. Me aferré a la pared para apoyarme. El sudor brotaba de mí, empapando toda mi ropa. Sentía como si acabara de salir de la ducha. Me puse las manos en las caderas y caminé en un círculo. Tomé un respiro profundo, me armé de todas mis fuerzas y volví a bajar las escaleras.

A mitad de camino, sentí el sabor del tocino.

No había comido tocino en tres meses.

Me detuve por completo.

Con el sabor a tocino llenando mi boca, bajé los escalones uno a la vez, como si tuviera cinco años. O como si tuviera ochenta.

Entonces un pensamiento apareció en mi cabeza: "¿Por qué estoy haciendo esto? No voy a vivir lo suficiente para estar en buena forma".

Pero tenía que llegar al final.

Miré hacia abajo. Me sentí mareado. Mi visión se nubló. Pero yo estaba decidido a terminar. Presionando mi mano contra la pared, di otro paso. Y otro. Y uno más.

Ya casi.

Sólo tres escalones más.

Siempre son los tres últimos escalones. Esos tres últimos son asesinos. Si hicieran tramos de escaleras sin los tres últimos escalones, todo el mundo sería más feliz.

Lo sé. Cuando construya mi propia casa, voy a diseñarla con tres escalones menos que las casas del resto de la gente.

Y bueno, en resumen, después de ese día dejé de caminar por las escaleras. No caminé más ese tramo de cincuenta escalones desde el piso superior hasta la casa de huéspedes y de vuelta, cinco veces cada mañana, todos los días, de la forma en que casi lo hice, bueno, una vez.

A cambio, hago lo que yo llamo entrenamientos inadvertidos, que me parecen igual de eficaces y vigorosos.

Si estoy en la sala de estar y tengo que subir al piso de arriba para ir a buscar mi billetera, esa es una repetición.

Si estoy arriba y quiero el cargador del teléfono que dejé en la cocina, esa es media.

Oye, se van sumando.

ADVERTENCIA: LOS MENSAJES DE TEXTO CAUSAN CEGUERA

LA AARP (Asociación Estadounidense de Jubilados) me encontró. Me enviaron un paquete completo con una revista e información sobre seguros médicos y otras cosas que necesitas saber después de cumplir cincuenta años, además de un montón de maravillosos cupones de descuento para la tercera edad. También incluyeron mi propia tarjeta personalizada de la AARP para darme la bienvenida al club. Al principio estaba enojado porque este paquete hacía que mi edad fuera muy *oficial*. Pero rápidamente lo acepté. ¿Qué voy a hacer? Tengo cincuenta. No voy a mentir al respecto.

A esta AARP, hombre, no se le va una. No desaparecen. Le siguen la huella a cada persona mayor. Son como sabuesos. Me llegó mi tarjeta de la AARP antes de recibir una tarjeta de cumpleaños de alguno de mis amigos. No sé cómo lo hacen. Deben tener espías. Deben contratar a gente en el barrio que trabaja encubierta haciéndose pasar por el tipo de la casa de al lado. Sabes a qué me refiero. El tipo que siempre está cortando el césped o lavando el coche.

—¿Aló? ¿Línea directa de la AARP? Sí, escucha, mi

vecino George Lopez ha estado actuando extraño. Letárgico. Abatido. Taciturno. Me enteré de que cumple cincuenta años en tres semanas. Sí, estoy seguro. Agárrenlo.

Están tan enterados. Si alguien de más de cincuenta desaparece, no llames a la policía. Estás perdiendo el tiempo. Llama a la AARP. Lo encontrarán en un minuto.

La AARP hace hincapié en lo importante que es para las personas mayores de cincuenta años tomar el control de su salud. Es crucial para nosotros, las personas mayores, cuidar lo que comemos y bebemos, porque nuestros cuerpos cambian. Tenemos que controlar lo que metemos en ellos.

Cuando tenía veintitantos, nunca pensaba en lo que iba a comer. Mis amigos y yo solíamos hacer concursos de comida. Nos gustaba ir a Bob's Big Boy y ver quién podía comer más. Los perdedores pagaban la comida del ganador. O *las comidas*. Nos gustaba ir a Big Boy porque estaba cerca y servían un montón de comida.

Nos gustaba comenzar con una orden de chile y espaguetis, que era un plato ligero compuesto de espaguetis y salsa marinara apilados en un plato con un bloque de media libra de hamburguesa asada a las brasas encima y luego cubierto con un pegote de chile y queso, servido con una ensalada. Olvídate de la ensalada. La sustituíamos con papas fritas.

Ese era el aperitivo.

Entonces todos ordenábamos un Super Big Boy Combo, dos hamburguesas de vacuno asadas en un panecillo de ajonjolí con lechuga, tomate, queso americano, aderezo y salsa de pepinillos especial. Ese era el combo regular. El súper combo, que era el que pedíamos, llevaba un 50 por ciento más de carne y doble porción de queso. También venía con una ensalada. Olvídate de la ensalada. La sustituíamos con papas fritas.

Luego pedíamos el famoso sándwich de pechuga de pollo a la parrilla: pollo asado en un pan de ajonjolí, queso suizo, lechuga, tomate, salsa especial y, sí, una ensalada, olvídate de la ensalada, la sustituíamos con papas fritas.

Si aún no estabas lleno, te comías otro sándwich de pechuga de pollo, más papas fritas y otro combo Big Boy, y luego, por supuesto, el postre, por lo general su "decadente" pastel de chocolate caliente, que era un delicado limpiador de paladar para poner fin a esta ligera comida: bolas de helado de vainilla entre dos capas de pastel del diablo, ahogado en un río de chocolate caliente y cubierto con una nube de crema batida.

Nos tragábamos todo con espesos batidos de leche.

Yo nunca gané. Nunca estuve ni cerca. Apenas lograba pasar de una ronda de los espaguetis de chile y unos sorbos del batido. Al final, todos poníamos dinero y pagábamos la cuenta del ganador, mientras él estaba fuera en los arbustos "digiriendo" su comida.

No puedo imaginar a alguien de más de cincuenta años sugiriendo un concurso de comida. Apenas logro terminar la comida que ordeno.

—Oye, George, ¿sabes qué sería genial?, ¿qué tal si juntamos un grupo de chicos, vamos a Big Boy y hacemos un concurso de comida? Nos llenamos. Hasta enfermarnos. Como en los viejos tiempos. Vamos, será divertido.

—¿Estás loco? No tengo Prilosec conmigo. Diablos, no hay Prilosec suficiente en el mundo.

Nunca he comido mucho. Cuando era niño desarrollé unas fuertes náuseas internas. Sé inmediatamente cuando algo no está fresco. Soy como un psíquico de alimentos. Creo que me viene de ver la caja de leche cambiar de color en nuestro refrigerador. Olvídate de la lechuga cambiando de color, pasando de verde a café. Sí, he visto cómo cambia de color la *caja* de leche. Sabías que la leche estaba mala. No tenías que olerla. Se podía ver.

—Abuela, esta leche está mala.

—Entonces no la pruebes. Sólo tienes que tragarla. Bebe con rapidez. Cierra los ojos.

Tampoco soy un gran bebedor. Otro signo de la edad. Me he convertido en un peso ligero. Bebes de forma diferente cuando tienes veintitantos. No has vivido realmente aún, así que no has experimentado verdaderamente la tristeza. La vida es pura diversión. No tienes nada de qué estar enojado. Sales con amigos, vas de bar en bar, comes, te emborrachas y eres muy feliz. Abrazas a tus amigos. Te ríes. Bailas. Besas a todo el mundo. La pasas genial. A la mañana siguiente te despiertas y piensas: "Guau, qué noche. La pasamos muy bien". Tomas una ducha y estás como nuevo. Tu cuerpo se recupera rápidamente porque todavía estás produciendo melatonina y creando endorfinas y funcionando a toda máquina. Vas a trabajar y esperas con ansias el fin de semana para emborracharte y ser feliz de nuevo.

Cuando te haces mayor y bebes, pierdes el conocimiento. Despiertas con un tremendo dolor de cabeza. Se siente como si hubiera un tipo adentro de tu cabeza haciendo un estruendo a través de tu cerebro con un martillo neumático. Apenas puedes moverte. Todo tu cuerpo palpita. Te duele la piel. Te duele el pelo. Te duelen las cejas. La idea de comer te da asco. Juras que nunca volverás a beber. Tu presión sanguínea se dispara porque se te olvidó tomarte tu Norvasc o tu bloqueador beta o cual sea la medicina en que estás. Te sientas y la habitación gira. Te vuelves a acostar y pones la almohada sobre tu rostro. Entonces empiezas a recordar detalles de la noche anterior y te deprimes porque te das cuenta de que dijiste cosas que no deberías haber dicho y gritaste y chillaste y le marcaste a alguien sin querer desde el bolsillo y vomitaste en la esquina y ahora no puedes hacerle frente al día y te sientes más que miserable.

Sí, he estado allí y juré que nunca volvería. Tengo que tener cuidado cuando bebo, por todas esas razones. El licor fuerte me pone en ese lugar oscuro. Ahora tal vez me sirvo un vodka con jugo de arándano y doy por terminada la noche. Todo lo demás es demasiado pesado. No puedo con las bebidas cremosas. Rusos blancos o Bailey's, nada de eso. Me dan acidez. O tal vez soy intolerante a la lactosa. Eso podría ser. O al gluten. Podría ser el gluten. Alguien me dijo que era alérgico al gluten. Sé que el alcohol contiene gluten, especialmente el aguardiente y la cerveza. Estoy llegando al punto en que ya no me importa.

Sé que podría tomarme un par de cervezas, pero no lo voy a hacer. Soy demasiado vanidoso. La cerveza engorda demasiado. No quiero despertar una mañana con una gran barriga colgando de mis pantalones de pijama.

Cuando cumples cincuenta, tienes que cambiar tu estilo de vida. No es una opción. Ya no eres un niño y tu cuerpo no puede tolerar las cosas como antes. Entiendo que todo el mundo necesita una salida y la gente quiere escapar. Lo entiendo. Pero ya es demasiado tarde. Ya tuviste tu diversión. Sé que el cambio es difícil, pero tienes que empezar a cuidarte.

Si no puedes hacerlo por tu cuenta, pide ayuda. A algunas culturas les gusta involucrar a todo el mundo: familia, amigos, compañeros de trabajo, el clero, la comunidad entera. Tienen lo que se llama una intervención. Eso es cuando veinte personas se reúnen en torno a una persona que tiene un problema con las drogas o el alcohol y amorosamente lo enfrentan.

Nosotros somos todo lo contrario. En nuestra cultura, no podrías reunir a veinte personas *a menos* de que les des drogas y alcohol. No tenemos intervenciones. Tenemos fiestas. No queremos que un borracho violento, desagradable eche a perder nuestra fiesta. Otras culturas dicen: "Déjalo entrar. Vamos a intervenir, lo haremos enfrentarse a su adicción. Tal vez podamos convencerlo de buscar ayuda profesional. Tráiganlo".

Nosotros decimos: "Saquen a ese idiota. Se bebe toda nuestra cerveza. Luego se pone gritón y desagradable y se mete en peleas y se roba nuestras cosas. Tengo mi TV aquí. Es un chiflado. Manténganlo fuera, demonios".

No somos poco compasivos. Simplemente los mantenemos fuera y esperamos que arreglen su problema por su cuenta... mientras nosotros seguimos de fiesta.

Yo tomé un camino interesante. Sin intervenciones,

por supuesto. Comencé a beber muy joven y fui el último de mis amigos en fumar marihuana. Sólo era un fumador ocasional. Nunca me metí con otras drogas mucho, bueno, está bien, excepto por las pastillas un poco porque había muchas de ellas en la casa. Para ser honesto, me gustan mucho las pastillas. No me las trago como si fueran Pez, ni nada. De hecho, rara vez me tomo una pastilla entera. Estoy bien con media.

Tengo una favorita. Vicodin. Fantástica. Mi droga preferida. Una vez dije: "Iba a tomar clases de yoga, pero luego encontré Vicodin en la casa y preferí tomarme una pastilla".

Tomo Vicodin para relajarme y disminuir mis dolores y molestias. Me gusta tragarme una mitad en la mañana, justo antes de mi ducha, y así cuando salgo estoy listo para enfrentar el día. Y si me he tomado un Vicodin y accidentalmente le echo un vistazo a mi cuerpo desnudo a través de mi bata, no me asusto tanto. Pruébala. Pero sólo la mitad.

Si fuera completamente honesto, admitiría que tomo media Vicodin de vez en cuando para aliviar el dolor de envejecer. Cumplir cincuenta es una sacudida tal al sistema que no necesitas recordatorios a cada minuto. Pero pareciera como si hubieran tantas señales que aparecen frente a ti con tanta frecuencia que no puedes evitar tener un recordatorio de tu edad siempre presente en tu cara.

Un ejemplo: el menú especial para tempraneros.

Solía ver un cartel fuera de un restaurante publicitando el menú especial para tempraneros y seguía conduciendo sin pensarlo dos veces. Ahora, cuando veo un cartel que dice: "Especial para tempraneros de 4-6 pm. Pollo frito, dos acompañamientos $1,99", pienso, "¿De cuatro a seis? Tengo que volver para eso".

Si el menú especial para tempraneros provoca esa respuesta, eres viejo.

Otra señal que indica que has cumplido cincuenta es la pérdida de memoria. Odio cuando estoy con amigos y comienzan a ponerse nostálgicos, hablando de los viejos tiempos y alguien siempre dice: "Oye, George, ¿te acuerdas de cuando hiciste esto...?" o "¿Recuerdas aquella vez que...? Fue muy gracioso". Yo sonrío como un idiota y asiento como si recordara, a pesar de que no tengo idea de lo que están hablando. Recuerdo una de cada tres historias, a lo sumo.

También me estoy olvidando de dónde dejo las cosas. La gente trata de ser útil. Dicen: "¿Dónde fue el último lugar donde lo pusiste?".

Si pudiera recordar el último lugar donde lo puse, sabría dónde se encuentra ahora. Porque el último lugar donde lo puse es donde está.

Lo peor es cuando tienes el objeto que vas a utilizar en la mano y no sabes lo que está haciendo ahí o lo que ibas a hacer con él.

"Veo el teléfono en mi mano, pero ¿a quién iba a llamar?".

Supongo que un signo seguro de demencia sería ver el teléfono en la mano y decir: "¿Qué es esto en mi mano? ¿Qué diablos se supone que debo hacer con él? ¿Qué hace esta cosa?".

También creo, y esto es lo que más me asusta, que me estoy quedando ciego por mandar y recibir demasiados mensajes de texto. Estoy seguro de que en cualquier momento va a salir un estudio de la FDA diciendo que los mensajes de texto causan ceguera. El otro día escuché un pitido que indicaba que tenía un nuevo mensaje de texto. Cogí el teléfono y miré la pantalla... y no pude leerlo. Era demasiado borroso y demasiado pequeño. Entrecerré los ojos. Puse el teléfono a una pulgada de mi cara. No ayudó. Entonces moví mi cabeza hacia atrás, estiré los brazos hacia afuera lo más que pude. No hizo ninguna diferencia. Giré el teléfono a la izquierda, a la derecha y lo puse al revés. Aún no podía leer el texto. Me sentí muy frustrado.

—¡No puedo leer esto, estúpido pedazo de *mierda*! —grité, lo que no fue nada bueno, porque estaba en un restaurante.

Me di por vencido. Busqué en mi bolso mis anteojos, que son progresivos, los encontré y me los puse. Leí el texto, lo vi con claridad. Era de mi amigo RJ. Lo llamé para contarle la triste noticia.

—Necesito un nuevo teléfono —le dije.

—¿Por qué? Acabas de comprar ese teléfono.

—No pude leer el texto que me enviaste. ¿Qué hiciste, ponerlo en una fuente diminuta para molestarme?

—No hice nada con la fuente. Son tus ojos.

—¿De qué estás hablando? Mi visión es veinte-veinte. Y acabo de pagar una fortuna por estos lujosos lentes.

RJ vaciló. Me di cuenta de que estaba tratando de pensar en una forma delicada para darme una mala noticia.

—George —dijo—. Tus ojos son... viejos. Tus ojos se están volviendo los de un hombre viejo.

—Ojos de hombre viejo, tu abuela. Son los mensajes de texto. Si mandas y recibes mensajes de texto, te quedas ciego. Acaban de hacer un estudio...

—Vamos. No hay ningún estudio.

—Bien —le dije—. Inventé el estudio. Pero debería haber un estudio.

—Acéptalo, George. Tienes más de cincuenta años. Tu cuerpo está empezando a decaer.

—Mi cuerpo está empezando a decaer —murmuré—. ¿Eso es todo lo que tienes que decir?

—No —dijo—. Bienvenido al club.

NO ME JODAS

UNA mañana me miré en el espejo del baño, sonreí y tomé una decisión.

—Ya está. Me voy a arreglar los dientes.

Finalmente iba a hacerlo. Había vivido con Stonehenge en la boca durante cincuenta años y ya era suficiente.

Mi boca era un desastre y estaba empeorando. Mis encías habían retrocedido hasta Reseda. Eso había causado que mis dientes empezaran a derrumbarse unos sobre otros. Un par de mis dientes delanteros parecían espadas cruzadas. Luego me di cuenta de que cada vez que alguien me sacaba una foto, mis dientes de abajo mostraban una sombra oscura como una premonición. Algo que no es bueno cuando te pasas una buena parte de tu vida delante de una cámara.

Había postergado el arreglarme los dientes antes porque no me encanta la idea de una persona de cincuenta años con frenillos. Sobre todo cuando soy yo el que anda por ahí con una parrilla en la boca. No es un buen *look* para mí. Me negaba a salir de la casa con el aspecto de un nerd científico de sexto grado gigante o la versión mexicana de Flavor Flav.

Cuando era niño, dejé estar mis dientes. Fue en parte cultural. Ir al dentista nunca fue una prioridad para nuestra familia. Era demasiado caro y simplemente no era algo que hacías. Además, era un infierno cuando iba al dentista porque siempre encontraba un montón de caries. Me sermoneaba cuando le decía que dormía toda la noche con un caramelo en la boca. Como si eso fuera malo.

Cuando llegué a la secundaria, empecé a sentirme cohibido porque mis dientes inferiores estaban un poco torcidos. Uno en particular no sólo estaba torcido, sino que era más corto que los otros. Odiaba eso. Me hacía sentir como un bicho raro. Decidí preguntarle a mi abuela acerca de ponerme frenillos, pero luego algo pasó en la escuela que me hizo cambiar de parecer. Las chicas se fijaron en mí. Y aquí está la parte extraña. Les parecía que mis dientes eran lindos.

—Ooh —dijeron—, es tan adorable cómo tu diente pequeño está un poco torcido. Le da mucho carácter.

No podía arreglarme los dientes después de eso. Olvídalo. Tenía que mantenerme adorable.

Pero luego mi pequeño diente siguió creciendo. Cada vez más. Siguió creciendo hasta convertirse en un colmillo. De pronto las chicas ya no me llamaban adorable o decían que tenía carácter. Dejaron de hablarme por completo. Un día le planteé la idea de los frenillos a mi abuela.

—¿Frenillos? ¿Me estás tomando el pelo? Tus dientes son tan adorables.

Tomó varios años, hasta que salí de la escuela, pero finalmente decidí prestar más atención a mis dientes. Hice una cita con un dentista, un tipo que RJ me recomendó. Una cosa acerca de RJ: el tipo tiene buenos dientes.

—Anda donde este tipo —dijo—. Él te los va a arreglar.

Así que fui. El dentista pasó una hora revisando mis dientes, hurgando y mirando dentro de mi boca con ese pequeño espejo de mano. Todo el tiempo estuvo sacudiendo la cabeza y murmurando: "Vaya, sí, eh", y, en ocasiones: "Ooh, guau, maldita sea". Finalmente, apagó esa gran lámpara encima de la cabeza, esa que te da ganas de confesar todas las cosas malas que has hecho en tu vida, cruzó las manos sobre el regazo y dijo:

—Voy a ser directo contigo. En diez años, tus dientes van a empezar a *irse*.

Me moví nerviosamente en la silla. Quería asegurarme de que lo había oído bien.

—¿Qué quiere decir con que mis dientes se van a *ir*? ¿Dónde? ¿A dónde van?

—Vas a perderlos.

—¿Todos?

Se echó hacia atrás en su silla e hizo una pausa. Escogió sus palabras con cuidado.

—Piénsalo de esta manera —dijo—. Hagamos como si tu boca fuera una casa. Un día, el techo comienza a agrietarse. De repente, un mes o dos después, el techo se cae y tú ni siquiera puedes ponerte de pie.

—Entonces, ¿mi techo está empezando a agrietarse?

—Sí. Se está agrietando. Tienes que regresar tan pronto como sea posible. Tenemos que poner manos a la obra.

Ahora yo crucé las manos.

—Está bien. Me convenció. Lo haré. Voy a volver y arreglar el techo.

No volví.

Hasta que cumplí cincuenta.

Asqueado por la sombra de mi sonrisa, disgustado por mi desastre de boca, decidí que de una vez por todas tenía que arreglarme los dientes. Hice de tripas corazón y volví a ese mismo dentista.

—¿Se acuerda de mí? —le dije.

—Pasó mucho tiempo desde la última cita —dijo.

—Me asusté. Pero ahora estoy listo. Sólo espero que el techo de mi casa-boca no se haya caído aún.

—Vamos a tomar algunas radiografías y de ahí veremos.

Llamó a su higienista, quien me puso un aparato alienígena de la era espacial que parecía una gran nariz contra mi mejilla. Luego cubrió mi pecho con un pesado babero para evitar que fuera liquidado con la radiactividad. Tan pronto como hubo puesto el babero en su lugar, salió muy rápido de la habitación. Yo pensé: "Todo lo que tienen para protegerme de los mortales rayos gamma es un babero extra-grande? Me parece mal. Ella tendría que haberse quedado aquí también".

Después de que hubo regresado y movido la nariz alienígena al otro lado de mi cara, luego debajo de mi barbilla y me hubo sacado el babero (corriendo fuera de la habitación cada vez), puso las radiografías que había desarrollado en unos clips en la pared. Entonces apareció el dentista y se pasó lo que me pareció una eternidad mirando dentro de mi boca con su pequeño espejo de mano. Finalmente apagó la lámpara encima de la cabeza y de nuevo se sentó en su silla y cruzó las manos sobre su regazo de la misma manera en que lo había hecho quince años antes.

—Está bien —dijo.

—¿Estoy bien? —le dije—. ¡Sí! ¡Gracias a Dios!

—No, quiero decir: "Está bien, tenemos que rehacer todo".

—¿Todo? ¿Mi boca entera? ¿Todos mis dientes?

—Me temo que sí.

—He estado usando hilo dental. Usé hilo dental dos veces ayer.

Él negó con la cabeza.

—Lo siento.

Me hundí en mi silla.

—¿Qué pasó?

Él se encogió de hombros.

—Envejeció.

"¿Ves lo que sucede cuando cumples cincuenta?", pensé. "Todo se va al infierno".

El dentista se puso de pie y fue hasta donde estaban las fotos de mis dientes que la higienista había puesto en la pared. Le dio una palmada a la foto de mi fila inferior entera.

—Tiene un montón de amalgamas de plata —dijo—. Eso es como poner asbesto en su boca. Ya nadie hace amalgamas de plata. Y el resto de los dientes, bueno...

—Entonces, todo el techo se derrumbó, ¿eh?

—Pongámoslo de esta manera —dijo el dentista—. Si su boca fuera un edificio, habría sido condenado.

—También uso esa cosita con punta de goma...

Él negó otra vez con la cabeza, muy serio. Ahora yo crucé las manos en mi regazo. Estaba resignado. Esta vez no iba a ninguna parte.

—Okey, hagámoslo —le dije—. ¿Cuánto va a costar esto? Aproximadamente.

Hizo una pausa.

—Le gustan los coches, ¿no?

—Sí.

—Piénselo de esta manera. Estará poniendo un BMW serie siete en su boca.

—¿No podemos probar un Honda?

Se encogió de hombros y negó con la cabeza al mismo tiempo.

—Me estás matando —le dije.

—Cuando su boca se ensucia, hay deterioro, las encías se retraen y usted tiene mal aliento constantemente. Todo eso sucede cuando se hace mayor.

—Esto se está poniendo cada vez mejor. ¿Tiene alguna buena noticia?

—¿Ve a esa enfermera ahí afuera?

Estiré el cuello y alcancé a ver una mujer enorme y muy poco atractiva en un uniforme verde que parecía que estaba a punto de estallar.

—No me diga —le dije—. La buena noticia es...

—Sí —dijo el dentista—. No me la estoy tirando.

Al final, el dentista arregló todos mis dientes en dos citas relativamente rápidas y sin dolor.

Primero, hizo moldes. La higienista metió mis dientes inferiores en una pegajosa mezcla pastosa que parecía harina de avena y sabía como una combinación de yeso y hummus malo. Me dio un golpecito en el hombro y saqué mis dientes inferiores de esa sustancia viscosa, y luego ella metió los dientes superiores en la misma deliciosa porquería. Cuando terminó de hacer los moldes, el dentista me puso una inyección y me dejó inconsciente.

Mientras yo dormía, ella y el dentista escanearon mis dientes, los limpiaron, los perforaron, los limaron y los rellenaron con piezas temporales y protectores dentales de plástico. Recobré consciencia mientras aún tenía los peludos dedos del dentista en mi boca.

—Está despierto. Bueno, ya estoy casi listo. En dos semanas estará usando su nuevo juego de dientes.

—Umgraybum.

—Fantástico. Dígame si esto duele.

—Gwantawaggamumba.

—¡Genial! Está bien.

Sacó sus dedos y me sonrió.

—Nos vemos en dos semanas. No lo olvide.

—Le prometo que no voy a faltar a esa cita. No puedo. Usted tiene mis dientes.

Dos semanas más tarde, me senté en la silla del mismo dentista y esperé. A los pocos minutos, el dentista entró trayendo una caja de madera del tamaño de una caja de puros.

—¿Está listo? —preguntó.

Asentí con la cabeza.

El dentista abrió lentamente la tapa de la caja.

Adentro había una boca.

Llena de relucientes dientes blancos y hermosos.

Mis dientes.

—Vaya —le dije.

—Son tuyos —dijo el dentista.

—Es tan extraño. Siento como si estuviera en una extraña película de terror.

—Creo que se ven fenomenales —dijo el dentista.

—Son perfectos —le dije—. Se ven como Chiclets, sólo que mejor.

—¿Listo? —preguntó.

—Sí.

Una enfermera llamó con la mano a un anestesiólogo, que preparó y luego me inyectó con una dosis de Propofol, la sustancia que mató a Michael Jackson. Esa fue una terrible tragedia, una pérdida sin sentido, pero tengo que decir que el Propofol es increíble. Me sentí tranquilo y drogado y... *joven*. La droga me hizo sentir de quince años otra vez. E increíblemente descansado. No es de extrañar que esta mierda sea tan peligrosa.

Cuando desperté, me sentí extraño y me sentí diferente.

El dentista bajó el gran espejo encima de la cabeza delante de mí y me miré. Parpadeé. No reconocí el rostro en el espejo. Luego, lentamente, reconocí mi nariz, mis ojos y mis mejillas y me di cuenta de que era yo. Pero, hombre, me sentía como una persona nueva.

Porque tenía una boca completamente nueva.

Había oído a algunas personas decir que tener carillas las hacía sentir inseguras.

Tuve la reacción opuesta. Me sentí totalmente seguro. Me encantó cómo me veía y ya no sentía vergüenza de sonreír. Quería sonreír todo el tiempo. Quería andar por ahí como un loco sonriente. Quería pedirle a extraños que me sacaran una foto. Tenía la esperanza de ser reconocido sólo para poder mostrarle a la gente mis nuevos dientes.

El punto es que si hay algo malo contigo, tienes que lidiar con eso, y pronto. No esperes. Anda a tu dentista o tu médico y haz que te vean el problema. Y anda con regularidad para que puedan estar pendientes de ti. No está bien decir: "He estado orinando sangre, pero, qué mierda, no fui al médico. Estoy bien. No he ido al médico en diecinueve años".

Sí, chico duro.

No te enorgullezcas de tonterías así.

No es una medalla de honor.

Eso es como decir: "Sí, mi marido me ha estado pegando durante veintidós años, pero ¡todavía estamos casados!".

¿Sabes qué? No deberías estarlo. Deberías haberte largado y tu esposo debería estar encerrado en la cárcel con varios internos llamados Killer.

MI PIE IZQUIERDO, QUIERO DECIR, MI RIÑÓN DERECHO

CUANDO tenía cuarenta y tantos, me diagnosticaron una enfermedad renal. Mi primera reacción no fue "¡Oh, no!", o "¿Por qué yo?".

Fue: "¿Por qué no?".

Pensé: "Claro. Tiene sentido. ¿Qué es lo peor que puede pasar? Sea lo que sea, me va a pasar a mí".

No estaba siendo un agorero y no estaba diciendo: "Oh, pobre de mí". No, para nada. En ese momento de mi vida, simplemente estaba acostumbrado a experimentar una serie continua de los peores escenarios haciéndose realidad. Como en *Peanuts* cuando Lucy recoge la pelota de futbol cada vez que Charlie Brown corre a patearla. Ese era yo. No Charlie Brown. La pelota de futbol.

Así que, sí, estaba acostumbrado a las malas noticias.

Febrero de 2005.

Cedars Sinai Medical Center en Los Ángeles.

Tengo una enfermedad renal. Eso es lo que sabemos. Lo que no sé es qué tan mala. Sé que es lo bastante mala como para necesitar un trasplante, estoy programado para recibir un riñón en abril, pero ¿podría resistir las semanas que quedaban de la producción de *The George Lopez Show*? Diablos, ¿resistiría el resto del *día*?

Nadie sabe lo enfermo que estoy.

Yo no sé lo enfermo que estoy.

Entro en el laboratorio en Cedars para un ultrasonido, un escáner de mi espalda. El técnico sonríe cuando me ve. Intercambiamos algunas palabras en español. Él se ríe mientras frota el gel en mi espalda. El gel está frío. Salto un poco y digo una broma en español. El técnico vuelve a reír. Alcanza el dispositivo manual conectado a la máquina de ultrasonido y lo hace rodar en un círculo sobre mi espalda. Empieza a decir algo más, pero se detiene abruptamente, justo en medio de una frase. Hace rodar lentamente el dispositivo, pero ahora ha apartado su mirada de mí y mira fijamente a la máquina de ultrasonido. Un humor sombrío recorre la habitación. El técnico no dice nada más. Completa el análisis en un silencio sepulcral. Limpia el gel y me sonríe, pero los dos sabemos lo que me espera en el consultorio del médico, al otro lado de la puerta.

El peor de los casos.

Entro en la oficina del médico y tomo asiento frente a él. Es alto, de pelo blanco, de aspecto distinguido. Tiene la reputación de ser uno de los mejores especialistas de riñón en el mundo, pero me han advertido de que carece de un trato cálido con los pacientes. Es directo, va al grano. No tiene ningún talento para la charla.

—Leí su escáner —dice.

—Espero que me diga que hay buenas noticias y malas noticias.

—Tengo que decirle que usted es un milagro andante.

Por un precioso momento, salto fuera de mi piel. Estoy equivocado. Sólo tiene buenas noticias. No. Tiene una noticia genial.

—Es un milagro que esté caminando en absoluto.

Siento que mi cuerpo colapsa completo sobre sí mismo.

—Sus riñones ni siquiera aparecen en el ultrasonido. No están *allí*. Es como si no existieran.

—Eso no puede ser bueno —le digo.

—No lo es —dice—. ¿Está orinando?

—Sí.

—Bien. Si no orina durante un día o un día y medio a lo sumo, deje todo lo que estás haciendo y venga aquí de inmediato.

—Tengo que grabar seis shows más...

—No me importa. Si deja de orinar, eso significa que sus riñones están fallando. ¿Entiende lo grave que es eso?

—El peor de los casos —le digo.

—Correcto. Dispone de dos meses hasta su trasplante. Tiene que resistir hasta entonces.

De alguna manera lo hago. Cada día es una tortura. Vivo cada momento con una pregunta que pende sobre mí como el hacha de un verdugo: "¿Cuánto tiempo ha pasado desde que oriné?".

Orinar o morir.

ORINAR O MORIR. ESO SE CONVIERTE EN MI MANTRA, LA CALCOMANÍA AL INTERIOR DE MI CEREBRO.

Eso se convierte en mi mantra, la calcomanía al interior de mi cerebro.

Vivo en un estado de agotamiento y miedo.

No importa cuánto duerma, despierto agotado.

Las toxinas dando vueltas dentro de mi cuerpo afectan mi memoria. Tengo que memorizar mis líneas en los restantes seis guiones que tenemos que grabar y me pierdo, me confundo, las palabras vienen a mí en un borrón, revueltas. Me las arreglo para hacer el primer episodio, apenas logro hacer el segundo, luego el tercero, marcando cada uno como un preso en el corredor de la muerte.

No tengo energía. Me esfuerzo para realizar las tareas más simples. Afeitarse, ducharse, tomar el té se convierten en tareas monumentalmente dolorosas.

Trato de estar en paz con lo que pueda suceder.

Me digo: "Si no lo logro, entonces, está bien, no estaba destinado a seguir adelante. Lo aceptaré. Tengo que hacerlo. ¿Cuál es mi opción?".

Quiero orar por mi vida, pero me siento incómodo pidiendo cosas.

Entonces, de alguna manera, logro llegar hasta el final de la temporada.

Rodamos el último espectáculo.

Me las arreglo para mantener mi enfermedad en secreto.

Ingreso al hospital el 19 de abril.

Tengo mi cirugía el 20 de abril.

Cuando me despierto la mañana del 21 de abril, dos sentimientos abrumadores y completamente nuevos me invaden.

Me siento mejor de lo que jamás me he sentido en mi vida.

Sé que mi vida ha cambiado para siempre.

NACÍ con uréteres muy estrechos. Los uréteres son los conductos que transportan la orina desde los riñones hasta la vejiga. Imagina una amplia súper carretera de cuatro carriles. Esos serían uréteres de tamaño normal. Mis uréteres eran como un carril de bicicletas a un lado de la carretera. Nunca pude averiguar exactamente por qué sucedió esto. Eventualmente alguien de mi familia me dijo que yo había nacido prematuro. Supongo que mis uréteres nunca tuvieron la oportunidad de desarrollarse plenamente.

El resultado de tener los uréteres estrechos era que me orinaba en la cama. No sólo cuando era un bebé. Siempre.

Por supuesto, en nuestra cultura jamás podrías admitir que te orinas en la cama. No puedes admitir mierda como esa. No puedes revelar que hay algo malo contigo. Puedes toser sangre y en vez de decírselo a alguien, sólo dices "perdón" y sales de la habitación. Vamos derecho a la negación. Creemos que somos más fuertes que cualquier enfermedad. No vamos a dejar que una pequeña cosa como toser con sangre o mojar la cama nos impida vivir nuestras vidas.

—He estado tosiendo sangre por, vamos a ver, uno, dos... seis años. No. Siete. Sí. Siete años. Pero no voy a dejar que me afecte.

Con el tiempo, te afectará.

El tiempo es el jefe, no Bruce Springsteen.

CUANDO era niño, mojaba la cama todas las noches. No podía controlarme. Mi abuela pensaba que era porque bebía demasiada agua. Sí, ella también estaba en negación. Ella se negaba a creer que yo pudiera estar enfermo o que, peor aún, algo pudiera estar seriamente mal conmigo. Me despertaba con el colchón todo mojado y tímidamente le decía a mi abuela.

—Abuela, el colchón está todo mojado.

—Dale la vuelta.

Ella simplemente no podía lidiar con eso. Así que yo orinaba la cama y daba vuelta al colchón, orinaba la cama, daba vuelta al colchón. Mi colchón estaba tan húmedo y desagradable que parecía una tostada francesa de canela.

Nunca dormí toda la noche. Soñaba que estaba en el agua, jugando en ríos y lluvias y fuentes y cascadas y corriendo a través de regadores y jugando con mangueras y chapoteando en piscinas, y me despertaba después de haber orinado la cama. Tuve que bromear al respecto. Le decía a la gente que mi abuela decía: "Cuando era niño, George solía mojar la cama", y yo decía: "Sí, era la única agua caliente que teníamos".

Ignoramos las señales de peligro. Lo sé. Parece obvio que algo andaba muy mal, sobre todo a medida que crecía y aún me orinaba en la cama, pero mis abuelos simplemente no estaban condicionados a ir al médico.

Estaban condicionados a aguantarse. Siempre estaban en mal estado de salud. Nunca cuidaban lo que comían o ejercitaban y estoy seguro de que estaban bajo mucho estrés para llegar a fin de mes.

Todo eso les pasó la cuenta. Mi abuelo murió cuando yo tenía veintisiete años. Tenía un corazón débil y le faltaba el aire todo el tiempo. Finalmente, tuvo una angioplastía. Los médicos le dijeron que no caminara hasta que se recuperara porque podía coagularse. Él no escuchó. O escuchó mal. O no entendió.

—Sí, me dijeron que caminara. Estoy seguro. Me dijeron que *caminara*.

El primer día de regreso del hospital caminó, hizo un coágulo, el coágulo se soltó, él se fue a su habitación, se acostó y murió. Bum. Así no más. Pobre tipo.

La gente teme lo que no entiende. Así que, en lugar de lidiar con mi problema de orinarme en la cama, mis abuelos lo ignoraron, insistiendo en que bebía demasiada agua y dejaron las cosas así. No los culpo. No sabían.

Me recuerda a las personas que continúan conduciendo sus coches después de que la luz de advertencia se enciende. La luz aparece en el tablero brillando de color rojo vivo y ellos la ignoran. ¿Qué creen, que el coche va a andar para siempre y que la flameante luz roja no significa nada? Luego, cuando el auto se descompone, dicen:

—Estoy tan enojado. Tengo que sustituir toda la transmisión. No lo puedo creer.

—Guau. ¿En serio?

—Sí. Resulta que estuve conduciendo el coche durante

tres meses sin agua. Sin nada de agua. Completamente seco. Pedazo de chatarra.

—¿Y la luz roja no se encendió?

—Sí, pero pensé que eso significaba que había que llevarlo a revisión *pronto*.

Lo mismo sucede con nuestros cuerpos. Estamos equipados con señales de advertencia: dolores e hinchazones, nudos y bultos, sangrar y sí...

Mojar la cama.

SEGUÍ orinándome en la cama durante la escuela primaria, en la secundaria y en la preparatoria. Traté de controlarlo, y a veces lo hice, pero yo sabía que mojar la cama cuando se es adolescente no era normal. Para entonces estaba demasiado avergonzado para contárselo a alguien. Me ocupé de ello. Lo encubrí. Se convirtió en mi pequeño y sucio secreto.

La primera vez que un médico notó algo un poco inusual fue en la secundaria cuando hice el examen físico para el equipo de béisbol. Había tenido exámenes físicos antes y siempre había pasado, sin ningún problema, y nunca surgió nada acerca de mi problema de mojar la cama. Sin embargo, siempre me sentí incómodo. Me preocupaba que de alguna manera me descubrieran.

En el último año mi escuela trajo a un médico para realizar los exámenes físicos, un aburrido hombre mayor de barba canosa. Llevaba una chaqueta deportiva y una camisa abotonada y un estetoscopio colgaba alrededor de su cuello como una corbata. Yo diría que estaba vestido un poco elegante para nuestra escuela. Llevó a cabo cada examen físico lenta y deliberadamente, como si no tuviera otro lugar a dónde ir, jamás, lo que, mirándolo bien, era probablemente cierto.

Este tipo estaba haciéndonos perder el tiempo. Éramos atletas, de dieciocho años de edad y en condiciones óptimas. Hacer un examen físico parecía estúpido e innecesario, para qué decir humillante. Empezamos por desvestirnos hasta quedar en ropa interior y nos subimos a una pesa industrial. El médico tenía un tablero portapapeles y escribía nuestro peso, luego levantaba una cinta métrica metálica sujeta a la parte posterior de la pesa y escribía nuestra altura. Luego puso a un lado su portapapeles y escuchó nuestro pecho con el estetoscopio. Por último, nos dijo que nos bajáramos los calzoncillos. Mirábamos hacia el techo mientras él nos palpaba las bolas y nos pedía que tosiéramos mientras revisaba que no hubiera una hernia. Tuve la tentación de decir: "Un segundo más y tienes que comprarme flores", pero pensé que era una buena idea callarme mientras él sostenía mis pelotas en su mano.

Luego volvimos al camerino, nos pusimos todo menos nuestras camisas y volvimos a salir para que pudiera tomarnos la presión arterial. Esta fue la parte más aburrida porque duró más rato, dos minutos. Aprovechamos la oportunidad para joder un rato, molestarnos unos a otros, reírnos, dar lata. El aburrido médico barbudo no prestó atención, ignorándonos mientras nos tomaba la presión arterial.

Tomé mi lugar en la fila y esperé mientras el médico

daba su aprobación a todos los otros chicos en el equipo y los dejaba ir. Los miré irse al camerino para terminar de vestirse. Finalmente, fue mi turno. Me acerqué a una silla que tenía un computadora conectada y me senté. Estiré mi brazo sobre el escritorio y miré hacia otro lado mientras el aburrido doctor barbudo envolvía el aparato para medir la presión arterial alrededor de mi brazo. Apretó bien la pelota, esperó, luego la soltó y observó el medidor subir y luego descender.

—Hmm —dijo. Parecía alarmado.

—¿Qué? ¿Cuál es el problema?

—Tu presión es un poco alta.

El tiempo se detuvo. Todo lo que dijo fue "Tu presión es un poco alta", pero sus palabras sonaban a mal agüero y viniendo de muy lejos.

Se sintió como una eternidad antes de que volviera a hablar.

—Quiero que salgas —dijo—. Siéntate por unos minutos y luego vuelve a entrar. Te voy a tomar la presión de nuevo.

"Mierda", pensé.

—Está bien —le dije.

Me levanté lentamente y con la cabeza gacha, salí. Sabía que todo el mundo me estaba mirando. Yo era el único del equipo que no había pasado la prueba de la presión arterial. Mantuve la cabeza baja, como si hubiera reprobado un examen o sido atrapado haciendo babosadas en clase.

Encontré un asiento en el banco cerca del *dugout*. No sabía a dónde mirar, así que estudié el pasto delante de mí. No sabía cómo, pero sabía que de alguna manera mi presión arterial alta estaba relacionada con el hecho de que mojara la cama. También sabía que estaba demasiado asustado para mencionar algo de eso.

Después de un rato volví a entrar, tomé mi lugar en la fila otra vez y di un paso adelante para mi segunda prueba de presión arterial.

El médico envolvió mi brazo en el aparato para medir la presión y apretó más la pelota, me pareció. Él parecía moverse en cámara lenta. Los dos minutos se sintieron como veinte. Finalmente, soltó la pelota y echó un vistazo al medidor.

—Bajó un poco —dijo. Sentí una oleada de alivio—. Pero...

—¿Qué?

Pensé que estaba a punto de decir algo más, pero se detuvo. Asintió con la cabeza, lentamente.

—Nada —dijo—. Estás bien.

Por supuesto, yo no estaba bien.

Una enfermedad renal hace que tengas la presión arterial alta.

Esa es una de las señales.

Pero el médico no se permitió considerar el peor de los casos. O tal vez me miró, vio a un chico de dieciocho años de edad de aspecto saludable, un jugador de beisbol y pensó: "No puede haber nada malo en él. ¿Cuáles son las probabilidades?".

Me puse el resto de mi uniforme, agarré mi guante y salí a campo abierto a atrapar unas pelotas.

Escapé.

Pero sólo por el momento.

HICE caso omiso de la reacción del médico. No pensé en ello. No busqué más información. No dije: "Hombre, tengo dieciocho años, soy atleta y ¿tengo presión arterial alta? ¿Qué hay con eso?". No, no lo pensé. Además, ¿a quién le iba a decir? Mis abuelos me habían condicionado a aguantarme, a luchar contra el dolor o malestar y a hacer caso omiso de las señales de peligro potencial. Nunca descubrí si mis abuelos no confiaban en los médicos o si tenían miedo de lo que iban a averiguar si iban al médico. Tal vez un poco de ambas cosas. De todos modos, seguí adelante, seguí avanzando.

Para cuando llegué a los veinte años, me orinaba en la cama con menos frecuencia y luego casi nada. Para el final de mi década de los veinte, empecé a sentirme fatigado al final de cada día. Todas las mañanas me despertaba cansado sin importar lo mucho que hubiera dormido. Yo atribuí eso al exceso de trabajo. Estaba trabajando como bestia, yendo de gira, trabajando en un club tras otro, perfeccionando mi acto. Dio resultado. Mi carrera comenzó a despegar con fuerza. Los programas nocturnos empezaron a fijarse en mí. Luego, en 1991, cuando tenía treinta años, el agente de *The Arsenio Hall Show* me llamó y me ofreció un lugar. Una gran oportunidad.

Mientras estaba sentado en la sala verde a la espera de salir al aire con Arsenio, me sentí inusualmente acalorado. El sudor se acumuló bajo mis brazos, en mi cuello y entonces sentí que mi nuca estaba empapada. Me puse de pie. Mis rodillas se sentían de goma. Di un paso y la habitación empezó a girar. La puerta se abrió de golpe y la directora de escena irrumpió gritándole de vuelta a una delgada voz metálica que le chillaba a ella a través de sus auriculares. Ella me señaló, luego giró su brazo en círculo como un entrenador de tercera base haciéndole señas a un corredor para que entre al capo. Era mi turno. La seguí hasta el escenario, tratando desesperadamente de mantener el equilibrio. Ella me condujo a mi lugar en el escenario. Las luces por encima de mí se encendieron, sus brillantes rayos perforándome, asándome. Ríos de sudor salían de mí. Oí la introducción de Arsenio y el aplauso del público y comencé mi *set*. De alguna manera lo hice, con el sonido lejano de risas y aplausos rebotando vagamente a mi alrededor. Me fui directamente a casa después del programa, me quité las ropas empapadas de sudor y me tomé la temperatura. Tenía mucha fiebre. Conduje yo mismo al médico al día siguiente, quien me dio su diagnóstico: neumonía. Me recetó antibióticos y en un par de semanas había vuelto a la normalidad. Normal, digamos, para mí.

De lo que el médico no se dio cuenta es de que la neumonía puede ser un efecto secundario de una enfermedad renal.

Habría descubierto eso si me hubiera hecho un análisis completo de sangre.

El cual, por supuesto, no hizo.

SIETE años más tarde.

Estoy constantemente fatigado, debido, estoy seguro,

a mi feroz horario de trabajo. Me niego a quejarme o reducir mi horario. Vivo para trabajar.

Una mañana despierto con un dolor sordo en la parte inferior del costado derecho. Me tomo un par de Advil. Las píldoras no tienen ningún efecto. Tomo un par más. El dolor persiste durante todo el día, haciendo difícil caminar. Trabajo a pesar del dolor, con la esperanza de que desaparezca. Básicamente, lidio con el dolor en mi costado de la manera en que siempre lidio con el dolor y el malestar. Ignorándolo.

Después de un rato, el dolor disminuye, pero empiezo a sentirme fatigado. Arrastro el culo hasta Canadá para hacer un par de presentaciones. Un amigo me habla de unos suplementos sobre los que había escuchado que aumentan la energía y que son ilegales en los Estados Unidos. Los encuentro a la venta a granel en un contenedor en una farmacia canadiense. Compro una bolsa, me tomo un par y siento que mi energía aumenta al instante.

Voy a Las Vegas para un trabajo de una semana en un importante hotel en el Strip. Sigo tomando los suplementos, pero reduzco la cantidad. Mi apetito se reduce. Me parece que tengo sed todo el tiempo y tengo que orinar aparentemente cada cinco minutos. Una noche termino la primera de varias presentaciones que estaban completamente vendidas, un reto porque tengo ganas de orinar todo el tiempo que estoy en el escenario. Voy corriendo al baño del club, con el aplauso de la multitud como una ola rompiendo en mi espalda, y me ubico en el urinario más cercano. Me pongo a orinar y lanzo un grito ahogado.

Mi orina es de color púrpura.

Al principio creo que estoy orinando sangre, pero me doy cuenta de que nunca he visto sangre púrpura. "¿Qué demonios es eso?", digo.

Me muevo más cerca del urinario para asegurarme de que nadie pueda ver lo que está pasando. Miro hacia otro lado, con la esperanza de que tal vez esté alucinando, tal vez es algo en esos suplementos, pero he reducido mucho la cantidad que estoy tomando. Pienso que tal vez fue algo que comí para la cena, pero no me acuerdo de haber comido ningún alimento púrpura, ni siquiera se me ocurre un alimento púrpura, espera... berenjenas, ciruelas, uvas, regaliz, coliflor, ¿he comido algunos de esos?... y miro hacia abajo...

Y todavía estoy meando púrpura.

—Maldita sea, estoy meando *púrpura*.

Por supuesto, es obvio lo que voy a hacer en el momento que termine de orinar púrpura.

Nada.

No hago nada.

No se lo digo a nadie.

No voy al médico.

Debería haber ido al médico. Ya lo sé.

Pero tengo presentaciones por hacer.

Y creo que comí un poco de babaganoush la otra noche. Probablemente estaba malo. Babaganoush podrido. Sí. Eso es lo que causó la orina púrpura. Debe haber sido eso.

Después de un par de días, dejo de orinar púrpura. Así no más. No más pis violeta. Eso debe significar que todo está bien, ¿no?

No. Por supuesto que no. La orina púrpura tiene que significar *algo*. Y ese algo no puede ser bueno. No importa. Ignoro esta señal de advertencia, esta luminosa, parpadeante luz indicadora de color púrpura. Finjo que nunca la vi.

Termino mi trabajo en Las Vegas y me pongo en camino para una serie de presentaciones en clubes de Texas. San Antonio, Houston, Austin. Cada noche me va mejor que la anterior.

Y todos los días siento como si me estuviera muriendo.

Vuelve el dolor en mi costado.

Sólo que peor.

El dolor sordo se convierte en un dolor constante y punzante. Se siente como si alguien me hubiera apuñalado en el costado con un cuchillo carnicero.

La fatiga regresa.

Paso mis días tomando baños para aliviar el dolor o echado como un tronco en la cama tratando de dormir.

Dejo de tomar los suplementos para la energía, reemplazándolos con un régimen de Advil.

Sigo trabajando. La mitad del tiempo en que estoy haciendo mi presentación, mi cabeza está en una nube, mis palabras se confunden por el dolor que me quema el costado. El público no se da cuenta.

Entonces, un día me desgarro el tendón de Aquiles.

Cojeo durante semanas, la lesión se niega a sanar. De regreso en Los Ángeles, voy a un centro de cuidado de heridas. Extraen un poco de mi sangre, la revuelven, hacen un suero y lo aplican al desgarro. Mi talón de Aquiles se cura.

Pero no me puedo parar.

El dolor en mi costado es tan fuerte que me hace inclinarme.

Por último, hago lo que debí haber hecho años antes. Voy al médico.

Veo al mismo médico que me diagnosticó neumonía siete años antes.

Cuando ve que no me puedo poner de pie, me mira de una manera que me parece preocupante.

Me revisa entero.

Toma un análisis de sangre completo.

Vuelvo al día siguiente para una visita de seguimiento y para recibir los resultados de los análisis de sangre. Caminando como un cavernícola de noventa años de edad, sigo a una enfermera por un pasillo delante de una fila de salas de examen y hasta su oficina. Me siento en un sillón de cuero frente al escritorio del doctor. Unos minutos después aparece el médico con un historial médico en las manos. Cierra la puerta detrás de él y se sienta en su escritorio. Distraídamente ojea la esquina de mi historial.

Me siento como la mierda.

Él se ve como la mierda.

Es posible que se vea incluso peor que yo.

—Tengo una mala noticia —dice.

"Vaya, sin preámbulos", pienso.

—Usted tiene una enfermedad renal y está bastante avanzada.

Me retuerzo en la silla, el cuero rechina mientras

trato de encontrar una posición cómoda. Estoy haciendo tiempo, tratando de digerir lo que el médico me dijo.

Enfermedad renal.

"Claro", pienso. "¿Por qué no? Con toda la mierda que me ha pasado, ¿por qué diablos no iba a pasar esto? ¿Por qué no habría de tener una enfermedad renal. Tiene perfecto sentido. Por supuesto".

Él baja la voz y aclara su garganta.

—Va a necesitar un trasplante antes de cumplir los cuarenta y cinco.

Tengo treinta y ocho años.

—Está bien —le digo, exhalando suavemente—. Entonces tengo siete años...

—Esto no funciona así. Va a empeorar cada año. Voy a estar pendiente de usted ahora, observándolo con cuidado, revisándolo, midiendo su función renal, pero tiene que empezar a pensar en alinear un donante ahora. Se pondrá peor y peor. Voy a recetarle unas medicinas en este momento, pero se va a poner mucho peor...

Ojalá hubiera venido a verlo antes.

Ojalá hubiera notado la enfermedad renal siete años antes, cuando vine a verlo con neumonía.

Ojalá...

Bueno, no importa.

Enojarse, deprimirse, desquitarse...

Esas emociones no ayudan.

Lidiar con ello.

Eso puede ayudar.

Que es lo que hice.

LOGRÉ llegar hasta los cuarenta y cuatro años. Sobreviví esa temporada de *El Show de George Lopez*. La logré terminar de una sola pieza... apenas. En mi último examen el médico me dijo que mi función renal total era del uno por ciento en ambos riñones.

Acostado en la cama del hospital antes de mi trasplante, un millón de pensamientos daba vueltas en mi cabeza. Las primeras palabras que se me vinieron a la mente fueron: "Bueno, esta es la hora de la verdad". Yo nunca había dicho eso antes en mi vida. Estoy desnudo, asustado, a punto de entrar al quirófano y de repente me convertí en un hombre blanco de edad. Entonces pensé en la muerte y en todas las cosas que no había logrado todavía. Pero sobre todo pensé en lo afortunado que era y lo precioso que es el tiempo. El tiempo es un regalo. Sobre todo si tienes más de cincuenta años. La gente pierde demasiado tiempo en nada. Escucho a la gente diciendo con frecuencia: "Estoy pensando en ir a Hawái el próximo año".

¿Por qué esperar? Ve este año. No sabes lo que va a pasar el año que viene. No des por sentado que vas a vivir hasta una edad muy avanzada. Ya eres muy viejo. Haz las cosas ahora.

También pensé que mi temor a los médicos casi me mata.

Escucha, este no es un libro de auto-ayuda, ni remotamente, pero ayúdate a ti mismo con este consejo:

Si le tienes miedo a los médicos, supéralo.

Si odias los exámenes físicos o las colonoscopías o los exámenes de próstata, supéralo. No voy a mentir. Cuando ese doctor te meta su dedo de goma por el culo te va a doler, a no ser que estés acostumbrado. Pero si encuentra algo que no debería estar allí, como la mitad de una manzana o un viejo iPhone o un tumor, vas a darle las gracias.

También pensé en todas las señales de advertencia que vi y que no hice nada al respecto.

Tienes que aprender a aceptar este hecho:

Tu cuerpo es tu mejor amigo.

Lo sé. Estás pensando: "Oye, mi mejor amigo vive en Wisconsin".

No, no es así. Él vive dentro de ti. Tu mejor amigo en Wisconsin no va a saber con lo que has estado luchando mientras duermes.

No hagas lo que yo hice. No ignores las señales de advertencia. Consulta a un médico de inmediato.

Y nunca ignores la orina púrpura.

LECCIONES
DE GOLF

EN el momento en que cumplí cincuenta años, empecé a contemplar el futuro. Seamos realistas. A mi edad, es necesario tomar decisiones. Decisiones de vida. Empecé a pensar en cosas que nunca habrían entrado en mi conciencia hace diez años, incluso hace cinco años, conceptos extraños como "bajar el ritmo", "beber menos" y "tener sexo una vez a la semana".

Incluso jugué con la idea de jubilarme.

No inmediatamente, pero tal vez en diez años. Sin duda podía imaginar eso. Hombre, andar de gira es demoledor. Actuando en clubes, terminando un *set* a las dos de la mañana, noche tras noche, volando a la siguiente ciudad, tratando de orientarte, luchando contra el *jetlag*, manteniendo tu energía alta y luego empezando todo de nuevo en otro club, en otra ciudad, hasta terminar otra vez a las dos de la mañana. Me está desgastando a los cincuenta. Podría matarme a los sesenta. Puedo ver cómo jubilarse podría ser atractivo. Por increíble que parezca, puedo prever el momento, en un futuro no muy lejano, cuando podría dejar de hacer presentaciones.

Pero nunca voy a dejar el golf.

Cuando me muera, quiero que sea mientras duermo o después de un *putt* bajo un par de treinta pies.

El golf no simplemente me encanta. Yo *soy* golf. Está en mi ADN.

Sin lugar a dudas, soy más feliz y estoy más relajado cuando me encuentro en el campo de golf. Cuando termino una ronda, me cuesta irme. Me gusta pasar el rato en la casa club después, tomar una copa con los amigos, relajarme y ver a otros tipos jugando al golf. Si no tengo nada más que hacer después de eso, iré a casa y veré un partido de golf o el Golf Channel. No termina ahí. Por la noche, para relajarme, me escabullo a mi lugar secreto y saco mi caja especial de *tees*, pelotas y marcadores de pelotas que he acumulado a lo largo de los años. Me subo a la cama, doy vuelta a la caja y todo su contenido. Examino cuidadosamente todos mis *tees* y marcadores, mis queridos recuerdos, los admiro, los pulo y los pongo cuidadosamente de vuelta en la caja, uno por uno.

Una vez mi novia entró y me sorprendió clasificando mis *tees* y marcadores. No la oí entrar y no sé cuánto tiempo permaneció en la puerta mirándome porque estaba demasiado absorto revisando mi colección de *tees*.

—¿Qué estás haciendo? —preguntó.

No sonaba feliz. De hecho, sonaba un poco molesta, como si me hubiera sorprendido en la cama con otra mujer en lugar de una caja de *tees*.

—Reviso mis *tees* y marcadores.

—¿Estás ordenando tus viejos *tees* de golf?

—Y mis marcadores. Me relaja. ¿Cuál es el problema?

—No hay problema. Sólo parece un poco... raro.

—Bueno, puedo hacer esto o puedo ver porno.

—No, no, pásala bien. Okey, bueno, voy a prepararme para irme a la cama. Creo que voy a beber una copa de vino, tomar un baño, tal vez ponerme algo más cómodo, como el camisón nuevo, en caso de que, ya sabes, tú quieras...

—¿Ya es miércoles?

Se fue. Esperé unos diez segundos antes de empacar mis *tees* y marcadores y disponerme a ir tras ella. Llené la caja y comencé a bajar de la cama cuando mi mano rozó una pelota de golf que había rodado debajo de mi almohada. La cogí y la miré. Tenía la imagen de Bugs Bunny en ella.

—Mis pelotas de golf de los *Looney Tunes* —dije.

Recordé el día, no hace tanto tiempo, en que terminé con un paquete de pelotas de golf con diferentes personajes de los *Looney Tunes* pintados en cada una. Decidí jugar un partido con una.

Acomodé a Bugs Bunny en el *tee* en el primer hoyo de mi campo de golf local. No había jugado en mucho tiempo y me sentía un poco oxidado. Probablemente debería haber hecho un par de tiros de práctica antes de jugar un partido, pero no lo hice. Fui directamente al juego.

Decidí ir a lo seguro y golpeé con un hierro tres. Hice el *swing* y de inmediato supe que había desviado el tiro. Miré hacia arriba y Bugs Bunny voló derecho por encima de la cerca a mi derecha y rebotó en un sitio de construcción.

—Maldita sea —dije—. Le pegué al pobre Bugs hacia el lado. Veamos qué hago con Sam Bigotes.

Me puse en posición e hice el segundo tiro.

Crraaank.

—Epa. Ahí va Sam.

Sam Bigotes pasó por encima de la cerca y rebotó en un bulldozer.

—No puedo desviarlos a todos —dije—. Wile E. Coyote. Vamos, hombre.

Hice el *swing* y golpeé con el hierro tres.

Podría haber estado *apuntando* hacia la cerca de mierda.

Wile E. Coyote aterrizó a dos pies de distancia de Bugs.

—Esto es ridículo. No puedo lanzar las seis al otro lado. Vamos, Piolín, endereza tu emplumado culo.

Wack.

El tiro se desvió en línea recta por encima de la cerca.

—Bueno, al menos sé esto. Tengo el récord de golpear la mayor cantidad de personajes de *Looney Tunes* de manera consecutiva hacia una construcción.

Normalmente, a estas alturas habría estado tratando de reprimir mi frustración y no gritar a todo pulmón y a punto de tirar mis palos a través de la cerca detrás de las pelotas de *Looney Tunes*, pero cuando vi a Piolín rebotando por la obra, me eché a reír.

—Está bien, Silvestre, ¿vas a irte por la calle o salir persiguiendo a Piolín?

Hice mi swing.

Se fue detrás de Piolín.

Sostuve la última pelota de los *Looney Tunes* en la mano y la observé.

Speedy González.

—Speedy, somos tú y yo, hermano. No me defraudes. No te unas a tus hermanos de los dibujos animados. Sigue recto por la calle. Pon a prueba tu temple mexicano. Quiero ver tu lealtad.

Acomodé a Speedy en el *tee*, desaceleré mi *swing* bastante y me concentré en no levantar la cabeza o fallar el tiro.

Wacccckkkk.

—¡Sí! Eso se sintió tan bien... ¡NO! No tú también, Speedy. ¡Nooo!

Voló por encima de la cerca y aterrizó justo al lado de Bugs Bunny.

—¿En serio, Speedy? ¿Qué estás haciendo yendo tras Bugs Bunny? Lo sabía. ¡Ustedes dos son gay!

Seis pelotas de los *Looney Tunes* a través de la cerca. Quedaban dos más. El Demonio de Tasmania y un segundo Bugs Bunny. Negué con la cabeza. Sonreí, puse al Demonio sobre el *tee*, lo clavé en el suelo y caminé fuera del campo, riendo. Puse a Bugs en mi bolsillo. Como resultado de mi peor exhibición de tiros de todos los tiempos, Bugs Segundo se ganó un lugar preciado en mi caja de recuerdos.

Lección de golf #1.

Algunos días simplemente apestan. Lo único que puedes cambiar de eso es tu actitud.

En esos días, si puedes, ríete.

NO importa quién seas, qué tan rico o poderoso, el golf no discrimina. El juego es un torturador con igualdad de oportunidades. He jugado con Donald Trump y tan rico como es él, no pudo comprar un par.

El juego no sólo pone a prueba tu voluntad y paciencia, también tienes que tomar en cuenta varias fuerzas externas. El campo en sí, por ejemplo. En el baloncesto, no importa dónde juegues, la cancha es siempre del mismo tamaño. Anotar con un salto de seis metros en L.A. es anotar con un salto de seis metros en Boston o Miami. En el golf, cada hoyo que juegas es diferente, no sólo en todos los campos, sino en el mismo campo. Además tienes que lidiar con todo tipo de complicaciones y distracciones: trampas de arena, obstáculos de agua, árboles, el *rough*, el viento, el resplandor del sol, el corte del pasto, la colocación de la bandera, jugadores lentos, jugadores rápidos, jugadores que visten pantalones chillones o ropa que no combina o sombreros estúpidos.

Por último, creo que el golf es una adicción. Te absorbe y luego te agarra y no te deja ir. He oído a expertos decir que la razón por la que la gente es adicta a drogas como la cocaína y la heroína es que siempre están buscando ese primer viaje. Lo mismo con el golf. Cuando haces un gran tiro, una sensación recorre todo tu cuerpo, pulsando desde la cara del palo hasta el fondo de tu pecho. Es un profundo sentimiento de alegría y poder.

Una vez que has experimentado ese sentimiento, sobre todo la primera vez, deseas desesperadamente volver a sentirlo. No puedes esperar a hacer tu siguiente tiro. Y si la siguiente vez haces un *swing*, tocas la pelota en la parte superior y rueda diez pies delante de ti y hasta un estanque, no puedes esperar para borrar esa sensación horrible y hacer tu siguiente *swing*, con la esperanza de experimentar esa sensación indescriptible de alegría y poder de nuevo. Buscas ese viaje de *swing* en *swing* y de ronda en ronda.

Si juegas una gran ronda, no puedes esperar a tu próxima ronda para poder experimentar esos sentimientos de nuevo. Si juegas una mala ronda, no puedes esperar volver a jugar para redimirte, siempre persiguiendo esa sensación de alegría y poder. No hay duda. El golf es un buen viaje.

El golf también es un gran maestro. Creo que la gente debería abandonar la terapia y jugar golf. Es más barato y más eficaz. Sé que yo no sería el comediante que resulté ser ni el hombre que soy si no fuera por el golf.

Cuando era más joven, si pegaba un par de tiros realmente malos seguidos, solía tirar el palo. Maldecía y reventaba y echaba a volar el palo. Lo lanzaba hacia los arbustos y me iba enfurecido del campo. Un día, jugando en un cuarteto con RJ, perdí los estribos después de nueve hoyos horribles. Dejé caer mis palos en el *rough* y me fui directamente a mi coche.

—¿Dónde vas? —preguntó RJ.

—Me voy.

—¿Qué? Vamos. Tenemos que jugar los últimos nueve hoyos.

—Terminé, hombre. Juego como la chingada. Me *voy*. Al diablo con esto.

Me metí en el coche, lo puse en marcha y me quedé inmóvil. No me podía mover. Me senté al volante mirando a través del parabrisas, furioso, jadeando. Me dije: "¿Qué estás haciendo? No puedes seguir reaccionando de esta manera. ¿Cómo vas a mejorar si renuncias? Has sido un derrotista toda tu vida. ¿Vas a renunciar ahora también?".

—No —dije en voz alta—. Voy a aguantar.

Me bajé del coche, caminé lentamente hacia RJ y recogí mis palos.

—Tienes que ser un tonto para jugar a este estúpido juego —le dije.

—Eso es verdad. O un masoquista.

Suspiré.

—Lo haré mejor en la segunda vuelta.

—Eso no sería difícil —dijo.

Lección #2.

No puedes mejorar en algo si renuncias.

YO solía pasar la mitad de mis rondas en los árboles. Cuando hacía un swing, desarrollé la mala costumbre de inclinarme demasiado hacia atrás. Terminaba empujando mi tiro hacia la derecha. Muy a la derecha. Cada vez. Me metía en el bosque, encontraba mi pelota, seleccionaba un hierro largo y lanzaba un tiro de locos para tratar de salvar el par. A pesar de que estaba en medio de un maldito bosque, trataba de hacer un tiro curvo para que la pelota pasara alrededor de un árbol o intentaba levantarla por encima de la copa de los árboles. *Tenía* que conseguir que llegara al *green*. Tenía que salvar el hoyo. Eso es lo que pensaba. Incluso si estaba en una posición imposible, lo intentaba. Estaba loco.

¿Sabes algo? Sucedió lo mismo todas las veces.

Hacía mi tiro y en vez de pasar alrededor de un árbol o volar por encima de la copa de los árboles, mi pelota le pegaba al árbol justo en frente y rebotaba hacia mí como una bala. Yo me tapaba la cabeza y me agachaba para salir del paso. A veces me tiraba al suelo. Me tomó años, pero finalmente me di cuenta de que ser tan imprudente no estaba funcionando. Necesitaba otro plan. Me di cuenta de que tenía que tranquilizarme, tomármelo con calma e... *irme a la segura.*

La siguiente vez que lancé la pelota hacia los árboles, que fue más o menos la siguiente vez que le pegué, intenté algo completamente diferente. En lugar de tratar de hacer un tiro salvaje, loco e imposible, saqué mi *pitching wedge* y salí fácilmente a la calle. Mucho menos espectacular, pero mucho más seguro. No perdí el gorro en el intento. O la cabeza. Y no perdí dos golpes adicionales.

Sí, estaba en problemas, pero lo acepté en lugar de hacer algo ridículo que sólo empeoraría las cosas. Debería haber sido fiel a mi herencia. Porque si hay una cosa que un mexicano puede hacer, es salir del paso.

Lección #3.

Si te metes en problemas, no trates de hacer demasiado. Toma la salida segura. No puedes arreglar todo con un tiro salvaje y espectacular.

Si te metes en problemas, lo primero que tienes que hacer es salir del paso.

LA gente hace cosas locas en un campo de golf.

Una vez jugué con un tipo, llámalo Clem, un golfista

serio y seriamente tacaño, que se enamoró de una nueva pelota de golf que acababa de salir al mercado, llámala la Suprema Pro. Según Clem, la Suprema Pro era la súper pelota, la mejor pelota de golf jamás hecha, el sueño del golfista mediocre. Los científicos supuestamente habían estado años encerrados en un laboratorio para perfeccionar esta pelota de golf, añadiendo hoyuelos adicionales para que siempre le pegaras derecho e inventando un núcleo especial hecho de Flubber o algún polvo mágico para que siempre añadieras cincuenta yardas extra a cada golpe. Por supuesto, tenías que pagar un precio superior por la Suprema Pro, algo así como nueve dólares por pelota.

Un domingo, jugué en Pebble Beach y el *starter* me emparejó con Clem. Además de un paquete de tres de las nuevas Suprema Pro, Clem había traído a su hijo de cinco años, Tommy. Por mí estaba bien. Mejor hacer que los niños comiencen de jóvenes.

Primer hoyo. Clem puso su Suprema Pro de nueve dólares en el *tee*, meneó el culo como una *stripper*, se enrolló y golpeó su *drive*. La pelota voló lejos hacia la derecha, salió fuera de los límites, pasó sobre una reja y aterrizó en el patio trasero de alguien justo junto a un columpio.

—Buen tiro, papá —dijo el chico.

—No estaba apuntando a los columpios, Tommy. Ven, vamos a buscar la pelota. Me costó nueve dólares.

Levantó a Tommy y lo puso en el carro y partió a toda velocidad. Condujo a lo largo de la reja, finalmente parando en la casa con los columpios. Su Suprema Pro estaba al otro lado de la reja, a veinte pies de distancia. Estacionó el carro de golf tan cerca como pudo de la reja.

—Tommy —dijo Clem—. Quiero que vayas a buscar la pelota de papá. Voy a levantarte por encima de la reja. Tú corre hacia la pelota, recógela, luego corre de nuevo hacia la reja, levanta tus brazos y te cruzaré de vuelta.

El chico miró a su padre. No parecía tan seguro con el plan.

—No es gran cosa —dijo Clem—. Va a ser divertido.

Antes de que el chico pudiera decir nada, Clem se paró en el asiento del carro de golf y cogió a Tommy.

—¿Estás listo?

El chico asintió con la cabeza.

—¡Uno, dos, tres!

Clem levantó a Tommy por encima de la reja y suavemente lo depositó en el patio trasero de la casa.

—¿Ves la pelota? Está justo ahí. No puedes no verla.

Tommy se dio vuelta y encontró la Suprema Pro tirada sobre un soporte metálico de los columpios.

—La veo —murmuró Tommy.

—¡Genial! ¡Ahora ve por ella!

Tommy se metió el pulgar en la boca, vaciló, chupó todo su valor y caminó lentamente hacia la Suprema Pro. Se agachó, recogió la pelota, la hizo rodar entre sus manos y la examinó.

—¡Eso es! ¡Ya la tienes! Ahora vuelve y...

¡*ARRRRRRFFFFF*!

Un rumor lejano que se transformó en un gruñido horrible envió un escalofrío a través de Clem y Tommy simultáneamente. Ambos se quedaron inmóviles.

Un rottweiler, mostrando los colmillos, con saliva goteando de sus mandíbulas abiertas y con los ojos amarillos entrecerrados, apareció por la esquina de la casa, corriendo ferozmente hacia Tommy.

—Oh-oh —dijo Clem.

—¡Papá!

—¡Tommy! ¡Corre!

¡*ARRRRRRRFFF*!

El rottweiler enseñó los dientes y se lanzó hacia Tommy.

Tommy miró la Suprema Pro que tenía en sus manos.

—¡Tommy, corre! ¡Olvídate de la pelota! ¡No pasa nada! ¡Tengo dos más! ¡Corre!

Una mancha de pelaje negro y colmillos blancos.

Era todo lo que Clem podía ver.

Llenando su línea de visión.

El rottweiler corriendo hacia Tommy.

Tommy gritó. La pelota rodó de sus manos. Bajó la cabeza y corrió hacia la reja.

Dio dos pasos y cayó.

El perro se abalanzó sobre él.

—Estoy poniendo la vida de mi hijo en peligro por una pelota de golf de nueve dólares —se quejó Clem—. Tu madre me va a matar.

El chico de cinco años se puso en pie y corrió hacia la reja. Volando por el lado de los columpios, el rottweiler patinó para evitar el soporte metálico. Abrió la boca, plantó sus patas delanteras y saltó hacia Tommy.

Pero su pata delantera derecha aterrizó en la Suprema Pro.

Sus piernas resbalaron por debajo de él.

El rottweiler voló por el aire y cayó al suelo con un

ruido sordo, en el mismo momento en que Tommy se agarró a la reja.

El rottweiler se enderezó, sacudió la cabeza y se lanzó de nuevo.

Clem saltó sobre la reja desde el otro lado, pasó sus brazos por encima y sacó a Tommy, al tiempo que el rottweiler trataba de morderlo, casi alcanzando su trasero por una pulgada, mordiendo el aire.

Clem y Tommy aterrizaron en la parte delantera del carro de golf y Clem aceleró, con el frustrado aullido infernal del rottweiler a sus espaldas.

—El golf es un juego difícil —dijo Tommy con un escalofrío.

—Sí que lo es —dijo Clem, y luego murmuró en voz baja—: nueve dólares por esa pelota. Maldito Cujo.

Lección #4.

Pon tus prioridades en orden.

LA INMORTALIDAD O CONGELAR MI TRASERO POR LOS PRÓXIMOS 100 AÑOS

PIENSO en mi mortalidad todos los días.

Porque nunca se sabe. Este podría ser el fin. El final del camino. No puedes predecir si vas a morir pacíficamente mientras duermes o si algún tipo trabajando en una construcción de treinta pisos va a dejar caer accidentalmente una barra de acero y te partirá el cráneo cuando estés parado en una esquina, mandando un mensaje de texto. Conocí a un tipo que estaba colocando las luces de Navidad y se cayó del techo de su casa. Bum. Se fue. Hasta ahí llegó.

Es por eso que hay que disfrutar la vida y sacar el máximo provecho de cada momento. Por supuesto, cuídate, pero no te pases. No te anules. Si quieres tomarte un trago de tequila a las dos de la tarde, ¿qué tiene de malo? Si estás antojado con un pedazo de pastel, cómetelo. ¿Qué estás esperando? Hazlo. Si esa barra de acero cae volando del cielo y te pega en la cabeza y estás en la acera viendo tu vida pasar delante de tus ojos, no quieres que tus últimas palabras sean: "Me gustaría haberme comido ese pedazo de pastel".

Siempre tengo una caja de donas en mi casa, porque

cuando era niño mi abuela no las permitía en la casa. Me dio un millón de razones. Eran placeres, sólo para ocasiones especiales. O eran malas para ti. O costaban demasiado. O abusaría de mi privilegio y comería demasiadas al mismo tiempo. Cualquiera que fuera la verdadera razón, nunca comí donas cuando era niño. Ahora, por la noche, cuando ando por la cocina tratando de decidir un snack nocturno, me gusta saber que tengo la opción de una dona. Nunca me las como, pero me gusta verlas allí. Me hacen sentir seguro. Me reconfortan.

SI QUIERES TOMARTE UN TRAGO DE TEQUILA A LAS DOS DE LA TARDE, ¿QUÉ TIENE DE MALO?

Tampoco creo en el dicho "el que muere con más juguetes gana". No. El que muere con más juguetes tiene demasiados juguetes. Y creo que estamos potencialmente mirando a un acaparador egoísta. Deshazte de tus cosas. Liquida. Estoy en una misión para regalar un montón de mis cosas. He acumulado demasiado, demasiados autos, relojes, palos de golf. He comenzado a purgarme y se siente muy bien.

Esto puede sonar extraño, pero siento que deshacerse de la basura excesiva puede ser un acto profundamente religioso. En serio. Yo no me considero una persona religiosa. En absoluto. Si practico alguna religión, diría que soy un miembro de la Casa del Golf. Pero siento una fuerte obligación de compartir, de regalar mis cosas extra a las personas que las necesitan más que yo.

El otro día estaba pasando el rato en mi café local bebiendo té y leyendo el periódico cuando me di cuenta de que había una mujer sentada sola en una mesa afuera. Era una mujer corpulenta, vestida con ropas andrajosas, descuidada, obviamente sin hogar. Tenía la mirada perdida, viendo los coches pasar. Me di cuenta de que no tenía adónde ir. Estaba ahí mirando los coches con esa mirada vacía en sus ojos. Pero más que eso, ella parecía... triste. Y perdida. Y sin esperanza. No sé lo que es no tener hogar, pero reconocí esa mirada de desesperanza en su rostro. Me he sentido de esa manera. Tal vez tú también lo has hecho. Pareciera que no puedes dar el siguiente paso. O peor aún, ni siquiera tienes las fuerzas para averiguar cuál debería ser el siguiente paso. Simplemente no puedes sobreponerte. Sí, he estado en esa situación.

Me levanté de mi mesa en el café, salí y me acerqué a la mujer.

—Disculpe —le dije—. No quiero molestarla.

Ella me miró entrecerrando los ojos y protegiéndoselos con la mano. Tengo la sensación de que no muchas personas le hablaban amablemente o con respeto.

—¿Cómo está? —le pregunté.

—Estoy bien —dijo.

—¿Le sería útil algún tipo de asistencia financiera?

—Sí —dijo ella—. Lo sería.

—Está bien —le dije—. No quise insultarla.

Le entregué un billete de $100.

Ella me lo quitó sin mirarlo. Dobló el billete y se lo metió en el bolsillo.

—Gracias —dijo.

—De nada —le dije y sonreí.

Su rostro se iluminó, esbozando una enorme y agradecida sonrisa.

Eso me alegró el día.

Volví a entrar al café, cogí mi té y mi periódico y me senté. No podía dejar de pensar en esa mujer. Me pregunté cómo había terminado tan indigente y si usaría el dinero para comprar comida o drogas.

En los viejos tiempos, el crecer pobre y sin esperanza conducía a muchos niños a las drogas. Ahora, una gran cantidad de padres ricos comienzan a medicar a sus hijos a una edad tan temprana que para cuando entran en la escuela secundaria, ya son adictos. Yo lo llamo la "crianza con pastillas".

Algunos padres no crían a sus hijos en lo absoluto.

Lo peor que he visto son los padres que viajan a Hawái o Europa para las vacaciones y llevan a sus niñeras con ellos. He estado en aviones donde las únicas otras personas latinas han sido niñeras. Estoy seguro de que los padres le vendieron muy bien la idea a la niñera, diciéndole: "Esto va a ser genial. Vamos a Hawái. Serás parte de la familia". La niñera se compra esta frase por cerca de dos minutos, porque en el aeropuerto se entera de que el resto de la familia vuela en primera clase mientras que ella está atrapada en económica tratando de calmar al bebé que llora y cambiando sus malolientes pañales.

Se vuelve aún peor cuando la familia llega a Waikiki.

Mientras la mamá está en el spa y el papá en el campo de golf, la niñera debe entretener al niño, cambiarlo y darle de comer en la piscina. A primera hora de la mañana, mientras el niño, la mamá y el papá duermen, la niñera tiene que salir corriendo a dejar lista su cabaña. Si la niñera tiene tiempo para pensar en ello, se dará cuenta de que puede estar en Hawái con la familia para la que trabaja, pero ella es la única que no está de vacaciones.

Este chico va a terminar tan mimado y se sentirá tan privilegiado que la primera vez que no se salga con la suya, se derrumbará completamente. Si no es aceptado para un puesto de trabajo o, más probablemente, para una muy conveniente y casi imposible de conseguir pasantía no remunerada, se medicará para aliviar el dolor de la pérdida. Seamos realistas. Nos hemos convertido en una sociedad medicada. Ha llegado a un punto en que no podemos manejar el rechazo, el dolor o la incomodidad, o la realidad.

NO sé cuánto tiempo voy a vivir. Nadie lo sabe. Todo lo que sé es que estoy vivo hoy, ahora mismo, en este momento y me siento bien. Quiero disfrutar cada segundo que estoy aquí. No quiero llegar a ser tan viejo y estar tan desorientado que si meo 10 cc es un gran día. No podría soportarlo.

Antes vivía al lado de una señora que parecía tener alrededor de 100 años. Contaba con el cuidado de enfermeras las veinticuatro horas. A veces, una enfermera la sacaba en silla de ruedas al sol y se sentaba con ella. Ninguna de las dos decía una palabra. Un día, escuché a la enfermera hablando por su teléfono celular con el hijo de la mujer.

—Oh, sí, ha sido un gran día —dijo la enfermera—. Ha tenido una evacuación intestinal maravillosa, buena y suave. Estoy muy orgullosa de ella.

¿En serio?

Yo no quiero terminar así. No quiero estar incapacitado y definitivamente no quiero que mis deposiciones hagan orgulloso a nadie.

NO PODÍA ESPERAR A LA MAÑANA PORQUE SABÍA QUE EL MOMENTO EN QUE ME DESPERTARA YA ESTARÍA COMIENDO UN CARAMELO.

Por supuesto, no sé si mi vecina se cuidó cuando era más joven o si importa. Porque si cuidarse cuando joven es tan importante, entonces es asunto terminado para mí.

Vamos a empezar con lo que los médicos dicen ahora que es una de las actividades más importantes que puedes hacer para asegurar una buena salud: usar hilo dental regularmente.

Nunca lo hago. Nadie en mi familia usaba hilo dental. Nadie en mi barrio usaba hilo dental. Nadie que yo conociera usaba hilo dental. ¿Hilo dental? No tenía idea de lo que era.

Estaba tan preocupado de usar hilo dental que me iba a dormir con un caramelo en la boca. No podía esperar a la mañana porque sabía que el momento en que me despertara ya estaría comiendo un caramelo. Me gustaba mantenerlo escondido en la parte posterior de la boca.

Me despertaba, bostezaba y pensaba: "Ah, ahí está. Oh, sí. Ya estoy comenzando el día con buen pie".

Yo tenía dos preferencias de dulces. Me iba a dormir ya sea con una gota de chocolate metida atrás en mi boca o un Jolly Rancher de limón que se adhería a mis dientes. Me despertaba con un sabor afrutado delicioso. Nunca tuve que usar enjuague bucal. Tenía enjuague bucal incluido.

También me encantaba comer galletas saladas. Una buena galleta salada duraba un buen rato. Comías una y algún resto siempre quedaba atascado en tus dientes posteriores y entonces te metías el dedo en la boca y sacabas el resto de galleta blando. Tan bueno. Era como encontrar una segunda galleta salada. Una galleta de postre. Una sorpresa maravillosa.

—George, ¿quieres otra galleta salada?

—No, gracias, todavía tengo una entera restante de esta mañana en algún lugar de la boca.

Hombre, pienso en lo que hacíamos cuando éramos niños y a veces me pregunto cómo sobreviví mi infancia. Lo digo en serio. La mitad de las cosas que hacíamos en aquel entonces ahora sabemos que te pueden matar. Pasar más de cinco minutos afuera en el sol, por ejemplo. Nadie sabía de los rayos UVA o UVB que provocan cáncer o del FPS para protegerse contra los rayos UVA o UVB. Nunca me puse protector solar. Ahora los padres untan a sus hijos con abundante protector solar con alto FPS por todo el cuerpo antes de que los niños salgan de la casa. No estoy hablando de cuando van a la playa. Estoy hablando de cuando salen de la casa para subirse al auto.

También jugábamos con veneno mortal de manera regular. Lo llamábamos repelente de insectos.

Siempre manteníamos un repelente de insectos al alcance, sobre todo en verano. El repelente tenía un mango de madera con un recipiente lleno de pesticida conectado por debajo. Parecía una antigua pistola Tommy. Yo también lo usaba como un arma. Me gustaba salir a la calle, fingir que era un comando y que me iba en una misión de búsqueda y destrucción de insectos. Si veía una oruga o algún otro insecto arrastrándose, me lanzaba al ataque, decía: "¡Prepárate!", corría adentro, agarraba el repelente de insectos, lo bombeaba como una escopeta, corría afuera y atacaba al insecto como si fuera Rambo.

Todo el mundo en nuestro barrio cultivaba hortalizas, especialmente tomates. Si veíamos un bicho subiendo por el lado de un tomate, nos lanzábamos. Yo corría al garaje, agarraba el repelente-pistola y rociaba un infierno sobre el tomate, que, por supuesto, nos comeríamos en un sándwich una hora más tarde. Estábamos convencidos de que el mosquito o zancudo dando vueltas alrededor del tomate portaba el virus del Nilo occidental o dengue o alguna enfermedad extraña que te convertía en un zombi. Yo me encargaba de eso. Bombeaba mi pistola Tommy y empapaba ese tomate en un galón de Deet u Off. Para cuando terminaba, el repelente de insectos chorreaba por los lados del tomate, formando un charco en el suelo. Quería asegurarme de que estuviéramos a salvo.

Entonces, un verano, hace unos diez años, fui a Canadá a hacer un par de shows en clubs y aproveché para ir jugar una ronda de golf a Winnepeg, que debería llamarse Villa Mosquito. Tenía los peores mosquitos del mundo. Insectos terroristas en miniatura atacando en picada. Yo llevaba jeans y no importó. Me picaron a través de los pantalones. Masticaron agujeros a través de mis jeans. Uno de los profesionales del club me dijo: "Oye, hombre, usa esto", y me entregó una lata de DDT. "Rocíate esto encima. Es lo único que funciona".

Así que lo hice. Me subí los pantalones y me rocié las piernas con el DDT.

Hizo que mi piel se cayera a pedazos. Me dejó con picaduras del color de Marte. Apenas podía caminar. Sin embargo, mató a los insectos.

De alguna manera llegué a los cincuenta sin usar hilo dental e ingiriendo galones de insecticida mortal. Ahora bien, lo admito, he empezado a obsesionarme un poco con mi calidad de vida. Si termino con una enfermera empujando mi silla de ruedas después de haberme limpiado el culo, en serio conduciré la silla hacia un precipicio. Así que he estado considerando alternativas.

La criogenia, para empezar.

Sí, congelar mi cuerpo para poder volver a la vida dentro de 100 años.

Así es como funciona. Primero, haces todo el papeleo y los arreglos con una empresa especial de criogenia. Incluso tienes opciones de empresas porque cada vez más gente está tomando la ruta de la criogenia. He oído que 600 personas ya han sido congeladas y ahora algunas celebridades se han registrado, como Simon Cowell de *American Idol*, de quien mucha gente piensa que no podría ser más frío, y Larry King, una sorpresa, porque la mayoría de la gente pensaba que había muerto hace años, aun cuando lo veían en la televisión.

Después de llenar todo el papeleo, básicamente te sientas a esperar la muerte. O casi morirte. No puedes *morirte* así nada más o no podrían congelarte con la esperanza de volverte a la vida. Simplemente serías un helado humano. Pero tienes que morir *legalmente*. De lo contrario, estarías siendo congelado vivo. En pocas palabras, una vez que un médico considera que no hay nada más que pueda hacer por ti médicamente, la gente de la criogenia toma el mando. Te transfieren de la cama del hospital a un tanque de nitrógeno líquido a unos gélidos -238 grados Fahrenheit. Te mantienen en almacenamiento congelado durante los próximos 100 años o hasta cuando les hayas dado la instrucción de descongelarte.

No estoy seguro de esto.

Por un lado, he oído que ha habido algunos problemas técnicos con algunas de las instalaciones de criogenia. Un lugar del que leí, tenía diecisiete personas congeladas en tanques. A esas personas les costó $200.000 el procedimiento y el almacenamiento. Unos años más tarde la empresa se declaró en quiebra. Perdieron su contrato de arriendo, cerraron su negocio y tuvieron que descongelarlos a todos. Eso no es por lo que pagó esa gente. No querían volver con esta economía y sin Oprah.

También estoy confundido con las diferencias de precio. Algunas compañías cobran $30.000 por ser congelado, algunas mucho más, algunas mucho menos. Yo estaría preocupado de que alguien que está enojado conmigo me congelara de acuerdo a mis deseos, pero con una compañía de criogenia turbia que cobra como $800 y mete mi cuerpo en un congelador al frente de un 7-11.

—Oye, tráeme una Coca-Cola, ¿puedes?

—Claro, hombre, vamos a ver, una Coca... ¡epa! ¡ese es George Lopez! ¡Tienes a G-Lo congelado!

—Ey, toma tu bebida y cierra esa cosa, hombre. Tengo que mantenerlo allí durante 100 años. Tuve que hacerlo para poder comprar el Lotto.

No sé. Todo esto parece una estafa, como una versión de lujo, congelada, de una bodega de almacenamiento.

El cual es un tema delicado para mí.

Ahora me doy cabezazos contra la pared. Porque si hubiera escuchado a RJ a principios de los ochenta, habría hecho una fortuna. Él quería que invirtiera un poco de dinero con un tipo al que se le ocurrió una idea brillante e innovadora.

Bodegas de almacenamiento.

Nadie había oído hablar de eso antes.

—¿Qué demonios es eso? —le pregunté.

—Muy simple —dijo RJ—. Hay un edificio justo al lado de la autopista, que él compró barato. Dividió el edificio en pequeñas bodegas, como armarios, de tamaños diferentes. La idea es que tú tomes todo lo que guardas en tu garaje o sótano, todas tus chingaderas, y las pongas en una de estas bodegas.

—¿En esos armarios junto a la autopista?

—Correcto.

Puse los ojos en blanco.

—Bueno, ya, ¿y luego qué?

—Entonces te dan una llave para que cada vez que desees ir allí y ver tus mierdas, vayas, lo abras y eches un vistazo.

—¿Conduces hasta allá y abres tu "bodega" para poder ver tus chingaderas?

—Exactamente.

—No lo entiendo. ¿Qué pasa con toda la basura en tu garaje?

—Ya no hay. La sacaste. La pusiste en tu bodega de almacenamiento.

—Por la cual, supongo, hay que pagar.

—Así es.

—O sea, sacaste toda la mierda de tu garaje y la pusiste en un lugar diferente e hiciste un cheque...

—Todos los meses.

—Oh. Un cheque todos los *meses*.

—No es tanto. Pagas como cien dólares.

—Está bien. Y por cien dólares al mes, cada mes durante el resto de tu vida, conduces lejos de tu casa para poder visitar tus chingaderas cada vez que quieras.

—Ya lo entendiste.

Asentí con la cabeza.

—Tengo una pregunta. ¿Quién va a hacer eso? ¿Quién quiere conducir a otro lugar, cerca de la autopista, pagando, para ver las cosas que podrías ver en tu garaje de forma gratuita caminando cinco pies?

RJ hizo una pausa.

—De hecho suena mal.

—Está mal.

—El tipo lo va a perder todo.

—Es un imbécil.

—Es un idiota —dijo RJ—. No le daría dinero. No le daría ni un centavo.

—Por favor.

Nos reímos muchísimo. Por supuesto, yo no invertí dinero en lo que resultó ser uno de los más grandes negocios de la década.

Entonces un día, en los años noventa, RJ apareció en la entrada de mi casa conduciendo un Mercedes descapotable. Pasé la mano sobre el capó y me senté en el asiento del pasajero. El cuero ultra suave y costoso rechinó.

—Hombre, está muy fino. Huele a costoso.

—¿Te gusta?

—Es hermoso. ¿Cuánto adelantaste por esto?

—Nada —dijo RJ—. Lo pagué en efectivo.

—¿Qué? ¿Cómo puedes pagar esto?

—Una inversión que hice hace unos años dio sus frutos. ¿Te conté alguna vez? Las bodegas de almacenamiento. Es una idea tonta cuando lo piensas, ya sabes, poner tu basura en un lugar diferente que tu propio garaje y pagar una cuota mensual, pero, bueno, la gente es estúpida. Es una máquina de hacer dinero.

No culpo a RJ. Fue mi culpa. No pude apretar el gatillo. Así soy a veces cuando se trata de tomar riesgos. Tal vez por eso no voy a congelar mi cuerpo. Es demasiado arriesgado. Quiero saber qué esperar cuando te descongelen. Necesito que alguien vaya primero. Quiero que un tipo que yo conozca vuelva y me diga lo bueno que es antes de comprometerme. Yo no confiaría en Simon Cowell. Sería demasiado crítico. Y estoy bastante seguro de que Larry King murió hace unos años.

También temo que me confundan con otra persona. He revisado Internet. Hay un montón de gente con mi nombre. Además, me ha pasado antes.

Más de treinta años atrás, cuando tenía alrededor de veinte años, me fui de juerga una noche y estúpidamente terminé con una multa por conducir ebrio. Pasé la noche en la cárcel. Nunca lo olvidaré. Era domingo por la noche y, después de dormir la borrachera, desperté la mañana del lunes en una celda maloliente de la cárcel sintiéndome horrible y avergonzado y disgustado conmigo mismo. Me desperté tumbado en un banco de metal. Me dolía cada hueso del cuerpo. Me esforcé para sentarme y estuve cara a cara con un tipo enorme, un hombre latino corpulento con una gran mata de pelo rubio volando por todas partes, como si Gorgeous George hubiera metido el dedo en un enchufe. Llevaba maquillaje de ojos negro que se había convertido en manchas que se extendían por toda su cara y tenía el lápiz labial de color naranja fuerte desparramado cerca de su boca. Miré hacia abajo y vi que tenía los pies descalzos y que se había pintado de naranja los dedos de los pies, a juego con su lápiz de labios. Cruzó las piernas y movió la rodilla, y yo pensé: "Como si esto no pudiera ponerse peor".

Él me sonrió. Le devolví la sonrisa y pensé: "Realmente espero que este transexual no me mate".

Unos minutos más tarde, un policía se acercó a

nuestra celda. Bajó la mirada a un sujetapapeles que tenía en la mano, miró y dijo:

—¿Lopez?

El tipo corpulento con la mata de pelo rubio y los dedos de los pies de color naranja y yo nos pusimos de pie al mismo tiempo. ¿Cuáles eran las probabilidades? Los dos teníamos el apellido Lopez. Nos acercamos a la policía.

—No —me dijo el policía—. *Srta.* Lopez.

El transexual me guiñó un ojo.

Para mi suerte. Si accediera a hacer la criogenia, congelarían al Lopez equivocado. Tomarían al Trans Lopez.

Por lo tanto, he tomado una decisión.

Cuando muera, no quiero ser congelado.

Sobre todo porque no tengo miedo a morir.

Hice las paces con la muerte al sobrevivir la enfermedad renal, cumplir los cincuenta, y gracias a mi amigo, el gran golfista Lee Trevino.

Lee no sólo miró la muerte a la cara, sino que literalmente *murió* y volvió a la vida.

Junio de 1975.

Lee y otros dos golfistas entraron en un largo par tres en el Western Open en el Butler National Golf Club en Oak Brook, Illinois, cerca de Chicago. Unas siniestras nubes grises habían ensombrecido todo el partido. Las nubes de repente oscurecieron, se pusieron negras y los vientos se levantaron. Los sacudió un choque de truenos y luego vino la lluvia. Algunos jugadores, entre ellos Jack Nicklaus, salieron corriendo de la calle, buscaron refugio en la casa club y en las cabañas junto al campo. Lee no lo hizo. Se encogió de hombros frente a la lluvia que caía a cántaros sobre su camisa. Se puso de pie junto al *tee* y miró a través de la lluvia hacia el *green* que estaba a un par de cientos de yardas de distancia. La lluvia empezó a caer torrencialmente, golpeando violentamente en el estanque en el borde del *tee*, no lejos de donde estaba Super Mex.

Lee se agachó y puso la pelota y *tee* en el suelo, se levantó y midió la distancia desde el *tee* hasta el *green* extendiendo su brazo en dirección a la bandera. Luego sacó un hierro uno de su bolsa, un palo difícil, una elección inusual para ese tiro. Sin embargo, dada la lluvia y el viento, Lee supo que el hierro uno era la opción correcta, tal vez incluso una inspiración. Pocas personas golpean una pelota de golf con la precisión de Lee Trevino y nadie le pega con más arrogancia o más estilo. Lee hizo un *swing* de práctica y movió los hombros mientras la lluvia golpeaba su camisa y goteaba de la visera de su gorro. Levantó el pie derecho y sacó una mata de pasto mojada atrapada en sus puntas metálicas.

Lee se acercó a la pelota, giró y golpeó su drive bajo la lluvia poderosa, ahora un torrente, golpeando el estanque como un millón de agujas. Fijó sus ojos en el vuelo de la pelota, sosteniendo el hierro uno hacia arriba en un perfecto seguimiento, dirigido como la espada de un conquistador. La pelota se arqueó hacia el *green*, cayó sobre el borde y rodó hacia el hoyo, deteniéndose a un *birdie* de distancia. Sonó un trueno. Un relámpago cayó en zigzag delante de él y dibujó una telaraña en el estanque.

Lee bajó lentamente el hierro uno.

El rayo salió del agua y atravesó a saltos el pasto, tirado por la atracción de un pararrayos...

Los clavos de metal en los zapatos de Lee.

¡*Brush*!

El rayo lo ahumó, envolviéndolo en un manto de fuego y luz.

Luego, el olor a quemado lo cubrió y se extendió hacia el aire.

Olía como si alguien estuviera haciendo una comida al aire libre, cocinando carne asada.

Y luego, a lo lejos, oyó el sonido de unos pasos chapoteando en el suelo húmedo, seguidos de voces y gritos.

—¡LEE!

Yacía desnudo en el suelo. El rayo le había quemado la ropa. Volaron toallas a través de la lluvia, encontrándolo, cubriéndolo.

Más gritos, carreras, pánico.

—Escuché todo —me dijo Lee—. No sabía que el rayo había quemado mi ropa, pero oí toda la conmoción y luego escuché a alguien decir: "Está muerto".

—¿Escuchaste eso? —le pregunté.

—Sí. Y entonces sentí que me levantaban. Empecé a elevarme en el aire por encima del campo de golf. Flotando. Suspendido. Estaba encima de todo. Entonces miré hacia abajo y me vi. Fue entonces cuando me di cuenta de que estaba muerto.

—Increíble. De verdad moriste.

—Sí. Y entonces vi la luz. Era exactamente como la gente cuenta. Pero es cálida. Reconfortante. Te *baña*. Te sientes muy cálido y cómodo y tranquilo. Entonces vi a mi madre. Y vi a mi abuela. Vi a toda mi familia, todos los que habían muerto. Entonces, de repente, oí una voz que venía de muy lejos, como desde el final de un pasillo. "Lee, Lee". La voz se hizo más y más fuerte y vi a mi familia allí de pie y quería ir hacia ellos. Traté de ir hacia ellos, pero la voz diciendo mi nombre se hizo más fuerte y me volví hacia ella y las caras de mi familia se fueron borrando y luego todos se desvanecieron.

—¿Y qué pasó con la luz?

—Se apagó. De alguna manera se apagó. Y entonces me desperté y estaba en el suelo, con gente a mi alrededor. Entonces me di cuenta de que estaba vivo, pero que había muerto. La espalda me dolía muchísimo y estaba agradecido de estar vivo y de ahora en adelante voy a pensarlo dos veces antes de hacer un tiro a un hierro uno.

Hizo una pausa.

—Pero, sabes, cuando sea el momento de irme, no tendré miedo porque ya sé como es. Ya he estado allí. Sé que no es horrible.

Así que, gracias a Lee Trevino no le tengo miedo a morir. Y después de que Lee me contó acerca de ver la luz, he oído a otras personas decirlo también. Un guitarrista que tocaba en la banda de mi programa tuvo la misma experiencia. Sufrió un terrible accidente, murió, vio la luz y regresó.

Cuando llegas a los cincuenta, piensas en el final. Todo se siente como si te estuviera pasando un poco demasiado rápido. Tal vez porque así es. Hay más días detrás de ti que delante. Es así de simple. Pero cuando llegue el fin, estoy listo. O tan listo como alguien puede estar.

Sin embargo, espero que no me caiga un rayo. No quiero terminar ahumado y asado. Sobre todo en público. Voy a tratar de mantenerme lejos de las tormentas. Estoy seguro de que no voy a correr hacia los rayos. Ya es suficientemente malo el tener que verme sin ropa.

LOS ÚLTIMOS DÍAS DE *CREEPY LITTLE WHITE GIRL*

Y ahora una palabra sobre el ejecutivo de TBS que canceló mi programa de entrevistas *Lopez Tonight* menos de dos años después de su inicio y nos dio a mi personal, mi equipo, mi banda y a mí treinta y seis horas para salir del edificio.

Al diablo con ese puto.

Lo sé. Eso no está bien.

Son cinco palabras.

¿Parezco amargado?

No lo soy.

Dejé de ser amargado, vengativo, sentirme enojado y apuñalado por la espalda cuando cumplí cincuenta.

Todavía puede que esté un poco molesto...

Bueno, al menos no estoy mintiendo.

En 2004, un querido amigo, Jim Paratore, un importante ejecutivo de televisión, me preguntó si podía reunirse conmigo.

—¿Alguna vez has considerado hacer un programa de entrevistas? —me preguntó Jim.

—Gracias, Jim, pero tengo trabajo —le dije. En ese momento estaba trabajando día y noche en *The George*

Lopez Show, que todavía era muy exitoso en ABC. También tenía la enfermedad renal y estaba luchando por mi vida. Me sentía un poco sobrepasado.

—Tu comedia no estará al aire para siempre —dijo Jim—. Piénsalo.

—Lo haré.

Dos años más tarde, rodamos nuestro centésimo episodio de *The George Lopez Show*. Para el final de esa temporada, el tiempo de la comedia en la cadena llegó a su fin. Jim no perdió mucho tiempo. Me llamó un par de semanas más tarde y de nuevo me trató de vender la idea de un programa de entrevistas nocturno.

Jim era apasionado y convincente. Cuanto más me vendía la idea, más me convencía. Empecé a considerar la idea.

—Si hago un programa nocturno, quiero usar a *Arsenio* como ejemplo —le dije—. Quiero hacer un espectáculo que no se vea en la televisión en estos momentos. Quiero que el espectáculo sea diverso, inclusivo y provocador.

—Así lo haremos —dijo Jim.

—Quiero que el espectáculo sea un reflejo de mí —le dije.

—Nosotros también —dijo Jim.

Con Jim como nuestro campeón, armamos un equipo de primera categoría y agregamos al increíble Michael Bearden para liderar nuestra fenomenal banda. Lamentablemente, Jim falleció hace poco. Siempre estaré agradecido por su apoyo. Era uno de esos tipos buenos de verdad.

Lopez Tonight debutó el 9 de noviembre de 2009. Mis primeros invitados fueron Eva Longoria, Ellen DeGeneres y mis amigos Carlos Santana y Kobe Bryant. Esa noche, nuestro rating fue altísimo. Le ganamos a todo el mundo: Leno, Letterman, Kimmel, Conan y Jon Stewart. Les ganamos a todos.

Por supuesto, no podíamos mantener el ritmo. Nos esforzamos para mantener el espectáculo honesto y divertido y diverso mientras intentábamos sostener un rating sólido. Creativamente, escribimos escenas e introdujimos segmentos que definitivamente estaban fuera de la norma. Bastante fuera, como el popular *Creepy Little White Girl*[2], que mostraba a una niñita sosteniendo una muñeca sin cabeza y cantando *Ring Around the Rosie* antes de darme una noticia terrible. Algunas escenas funcionaron, otras no, pero seguimos tratando de romper barreras. Todos los nuevos espectáculos sufren sus dolores de crecimiento y nosotros experimentamos los nuestros. Nos adaptamos. Trajimos un nuevo productor ejecutivo que había trabajado con David Letterman. Sabíamos que para tener éxito todos teníamos que comprometernos a largo plazo. Los programas de entrevistas son trabajo duro y la mayoría de los expertos coincide en que necesitan al menos tres años para encontrar su ritmo. Algunos dicen que se necesita un mínimo de cinco años.

Nunca trabajé más duro que entonces. Algunas noches después de hacer el espectáculo entraba a mi casa, comía un par de bocados y literalmente colapsaba. Me encantaba el espectáculo, me encantaba la gente con la que trabajaba, me sentía orgulloso de lo que estábamos

---

2. En español: Espeluznante niñita blanca.

haciendo. Pero a veces me pregunto si ese horario agotador valió la pena. Me preguntaba: "¿Estoy haciendo lo correcto? ¿Es esto lo que debería estar haciendo, gastando mi carrera en hablar acerca de las carreras de otras personas?".

De vez en cuando algo sucedía que me activaba y validaba todo el trabajo duro. Ese primer año nuestros agentes anotaron un golpe importante en el mundo del espectáculo. Conseguimos a Prince, que nunca va a programas de entrevistas y rara vez aparece en televisión. Cuando se sentó junto a mí en el set y el frenesí del público se calmó, le pregunté:

—Tengo una pregunta. ¿Por qué? ¿Por qué me elegiste a mí?

Prince dijo:

—Me parece que este programa representa a todas las personas. Veo todo tipo de invitados aquí. —El público estalló en aplausos y mientras los vítores casi lo ahogaban, agregó—: Estoy en este programa porque eres amable con todos.

Ese momento me dio escalofríos. Prince me hizo sentir que estábamos ofreciendo una alternativa real a los televidentes y que en esa noche por lo menos estábamos haciendo algo especial.

Para entonces, TBS había asignado un nuevo ejecutivo para nuestro espectáculo, un tipo al que llamaré Mel, por Mel Cooley del viejo show de *Dick Van Dyke*. Pensé que oiría de Mel con bastante regularidad después del espectáculo con Prince, ya que con ese programa me pareció que habíamos dado un vuelco.

No.

No supimos nada de él.

Silencio.

Luego, a principios de 2010, el mundo de los programas de entrevistas nocturno explotó.

El experimento de la NBC de mover a Jay Leno a las diez de la noche, cinco días a la semana y darle *The Tonight Show* a Conan O'Brien se había convertido en un desastre en términos de ratings. Básicamente, Estados Unidos, sí, todo el país, decidió no ver ninguno de los dos. Tratando de corregir ese error, NBC le devolvió *The Tonight Show* a Leno y le pagó a Conan para que se fuera... por cuarenta millones de dólares. TBS inmediatamente se movió y fue tras Conan para hacer un programa nocturno. Me imaginé a Mel en intensas reuniones a puerta cerrada vendiendo a Conan, como si Mel fuera un vendedor de autos usados. Lo que no me esperaba era la reunión a puerta cerrada que Mel tuvo conmigo.

—Tengo la oportunidad de conseguir a Conan —dijo—. Es una carrera y tenemos que vencer a alguien más para llegar a la línea de meta. Vamos a ganar. Realmente queremos a Conan.

—Muy bien, muy bien, buena suerte con eso —le dije—. ¿Y qué tiene que ver esto conmigo?

—Queremos que te muevas a la medianoche —dijo Mel—. Vamos a poner a Conan a las once.

—En mi horario.

—Sí. Pero está todo bien. Vamos a promocionarlos como un bloque, tú y Conan, juntos. Los nuevos rostros de la noche. Todos ganan.

—¿Cuando sucederá esto?

—En noviembre.

—Noviembre —repetí—. Nuestro show tendrá menos de un año de edad.

—Correcto —dijo Mel—. Entonces, ¿qué te parece?

A pesar de que vacilé probablemente menos de cinco segundos, sentí que el tiempo se había detenido. Pensé: "¿Debo hacer esto? ¿Debo mover mi horario? ¿Realmente necesito esto? ¿Debo decir que no? Pero, ¿sabes qué? Eres un jugador de equipo. Es lo correcto. Es lo que hay que hacer. Sí. Debes hacerlo".

—Lo haré —le dije a Mel.

Nunca debí haberlo hecho.

Conozco el viejo dicho de que en retrospectiva todo se ve claramente, pero creo que el haber movido *Lopez Tonight* a medianoche nos destruyó. Pero traté de complacer a todo el mundo. Yo quería ser el Sr. Buen Tipo, el buen soldado, el jugador en equipo.

Debí haber escuchado lo que mi ídolo, Bill Cosby, dijo hace algunos años. Lo admiro a él más que a nadie. Cos dijo: "No te puedo dar la fórmula para el éxito. Pero te puedo decir que la fórmula para el fracaso es tratar de hacerlos felices a todos".

Ese era mi problema. Trataba de hacerlos felices a todos.

Resultó que no hice feliz a nadie, incluyéndome a mí.

Después de que TBS anunció que había contratado a Conan por mil millones de dólares, o lo que sea que le dieron aparte de sus cuarenta millones de dólares de NBC, tuve a Chris Rock como invitado. Nos pusimos al día al aire durante un minuto más o menos y luego le dije:

—¿Oíste que Conan se viene a TBS?

Chris dijo:

—¿Viene Conan?

—Sí.

— ¿Y tú a dónde vas?

— Me quedo —le dije—. Me muevo a la medianoche. Él va a estar a las once.

—No jodas.

—Es cierto.

—Así que te vas a mover por el hombre blanco, ¿eh? Espero que él lo aprecie.

—Yo creo que sí —dije en voz baja.

—¿Y tú no tienes que limpiar o estacionar nada?

—No —le dije—. Y esta es la mejor parte. Voy a ir a trabajar una hora más tarde. Es el sueño latino, hombre.

El público en el estudio se echó a reír y Chris soltó una carcajada y me sentí muy bien. En ese momento, yo estaba convencido de que Conan y yo formaríamos un bloque de dos horas audaz, fresco y potente de entretenimiento nocturno que la red nutriría y promovería muchísimo.

Estaba equivocado.

Me tragué la historia.

TBS promovió muchísimo a Conan. Y a mí simplemente me perdieron de vista. O perdieron la fe en el show. O pensaron que teníamos demasiado "sabor" para la franja horaria. O el "sabor" de nuestro programa hacía que el público de Conan cayera. O...

Realmente no lo sé.

Yo sé que TBS canceló *Lopez Tonight* menos de dos años después de haber comenzado.

Cuando los medios de comunicación informaron que el programa había sido cancelado, el propio reverendo Jesse Jackson se acercó y trató de salvarlo. Llamó a Mel en TBS directamente y dijo que la televisión necesitaba más diversidad y sin nosotros habría un vacío. Pero TBS lo descartó a él también.

Mel nunca me dio la noticia a mí directamente. Nunca me llamó. Le dio las noticias a mis agentes. Yo recibí un e-mail. Mel nos informó que teníamos treinta y seis horas para desalojar el edificio. De repente él se convirtió en *Creepy Little White Girl*.

Hombre, hablando del día y la noche.

Conan recibió cuarenta millones por dejar NBC y a mi me dieron treinta y seis horas para salir de la ciudad.

Decidí salir con dignidad. Quería que nuestro último episodio fuera una fiesta y así fue. Invité a algunos amigos, Slash y algunos otros rockeros, y conseguí a Derek Fisher y Metta World Peace (entonces Ron Artest) de mi amado Lakers de Los Ángeles, y a Eva Longoria, quien apareció en mi primer show. En el monólogo bromeé acerca de estar desempleado.

—Ahora que he perdido mi trabajo, la gente quiere saber lo que voy a hacer a continuación. Bueno, como cualquier otra estrella de la televisión desempleada, voy a conseguirme un poco de crack. Sí. Voy por la pipa. Voy a perder esas indeseadas 110 libras.

Todos se rieron y aplaudieron, y al final del show la

banda tocó: "I Wanna Rock 'n' Roll All Night and Party All Day Long" y todo el mundo se puso de pie y bailó.

Tuvimos una fiesta, hombre.

Todo está bien.

Pero la programación nocturna perdió un poco de sabor.

COSAS QUE DEBES HACER ANTES DE MORIR, QUIERO DECIR, CUMPLIR CINCUENTA

CUANDO cumplí cincuenta, decidí no pensar en el futuro. Quiero decir, ¿y si no *tenía* futuro? El futuro es *ahora*, hombre. Yo vivo en el momento. Trato de estar tan presente como pueda. No me gusta hacer planes y no me gusta anticipar. Por eso, cuando encontré este sitio web donde se preguntaba a la gente de más de cincuenta años lo que les gustaría lograr ahora que habían alcanzado este hito, cosas que nunca habían hecho pero que finalmente estarían dispuestos a intentar, ya que era más o menos ahora o nunca, pensé: "¿Sabes qué? Soy bastante aventurero. Me apunto. Vamos a intentar algo de esto. Démosle".

Así que, aquí vamos.

Esta es la primera cosa que encontré en ese sitio web en la lista de lo que la gente quería hacer. La primera aventura.

"Montar algo más grande que un caballo".

Bueno, pensémoslo.

Para empezar, pagué una fortuna por estos dientes. Con mi suerte, me voy a subir a un toro o un elefante, éste se sacudirá y me tirará lejos y me tragaré una de mis carillas. No voy a perder esos Chiclets de cien mil dólares.

Haré que un cirujano me abra y saque la carilla de mi interior. La lavaré y me la pondré de vuelta. Estos dientes son costosos, hombre. Además, se ven bien.

Entonces, ¿qué voy a montar?

Lo tengo.

Me gustaría montar un camello.

De verdad.

Al menos creo que me gustaría.

Los camellos pueden ser desagradables. Escupen y sudan y huelen a mierda. También tienen una gran cantidad de caspa y yo soy violentamente alérgico a la caspa. Sé que voy a inhalar la caspa del camello y empezaré a estornudar y toser y me voy a dañar la espalda. No puedo tolerar la caspa de camello. Sé que suena a que lo estuviera inventando, pero no lo estoy. Esa caspa me destroza. Si tengo que hacerlo, conseguiré una nota del doctor. Ya sabes, como el niño que trae una nota a la escuela que dice que no puede ni acercarse a un maní. Yo no puedo acercarme a la caspa de camello.

Pero en verdad hay algo más acerca de montar un camello que me pone aún más nervioso. Hay algo que me da pavor.

¿Qué pasa si no encajo entre las jorobas?

Eso me afectaría.

Okey, puede que en tus ojos yo no me vea gordo, y en realidad puede que no *sea* gordo, pero en mi mente soy gordo. En serio. Soy gordo.

Así que, sí, lo peor sería que me acercara al camello y el encargado del camello me mirara y me dijera: "Lo siento. Este camello no va a funcionar. ¿Puede volver el jueves? Tenemos un camello en Phoenix que creo que le puede quedar bien".

Eso me destruiría.

Si el encargado del camello me informara: "No tenemos un camello de su tamaño a mano, pero podemos hacer un pedido especial para usted. Uno extra grande. Usted no quiere que el espacio entre las jorobas sea demasiado apretado. Quiere un poco de espacio para respirar. Uno demasiado apretado puede ser muy incómodo. Le aplastaría los güevos. Podría causarle daño permanente. También podría alterar al camello. Usted no quiere eso. Así que, ¿le hago una orden especial?"

Sí, ese es mi temor, ser demasiado grande para el camello.

También me preocupa un poco subirme a un camello. Mi primer pensamiento fue que necesitaría una escalera, pero soy demasiado viejo para eso. No quiero estar a medio subirme al camello y que se de vuelta, me huela, haga una mueca, salga corriendo y me deje ahí en el aire agarrado a la escalera como si fuera el payaso François del maldito Cirque du Soleil.

Sé que los jinetes de camellos más profesionales y las personas que viven en el desierto que andan en camellos todo el tiempo no usan escalera. Se suben haciendo que el camello se siente en el suelo. Hacen un chasquido y luego dicen: "yit, yit, yit" (que es como algunos mexicanos pronuncian la palabra "*shit*", así que puedo manejarlo), una y otra vez hasta que el camello dobla las rodillas y poco a poco se sienta en el suelo.

Esto suena muy bien, excepto que después de los

cincuenta, tu rango de movimiento comienza a decaer. Cuando era niño solía subir a los árboles y trepar cercas sin problema. Era tan atlético como cualquiera. Incluso aprendí a trepar la cuerda en la escuela. Todo el mundo odiaba subir la cuerda. Yo también, al principio. Pero estaba decidido a dominarla. Me tomó semanas. Cada día en la clase de gimnasia, subía un poco más por la cuerda, y luego un poco más, literalmente, centímetro a centímetro, hasta que llegué al techo. Recuerdo esa sensación de triunfo y logro. ¡Fue impresionante! Me sentí como un bombero. Entonces me di cuenta de que tenía que bajar. No había considerado ese factor. Bajé contoneándome, mano sobre mano, pero lo hice demasiado rápido. Me quemé las palmas a morir. Anduve con ungüento en las manos durante una semana. Olía como el culo de un anciano.

SI TE DIGO LA VERDAD, NO ESTOY SEGURO DE SER CAPAZ DE SUBIRME A UN CAMELLO, INCLUSO SI EL CAMELLO ESTÁ SENTADO EN EL SUELO.

Si te digo la verdad, no estoy seguro de ser capaz de subirme a un camello, incluso si el camello está sentado en el suelo. Creo que necesitaría una grúa. O tendría que llevar un arnés y hacer que algún tipo de polea me levantara, me moviera y me dejara caer entre las jorobas del camello, asumiendo que quepo. Y luego, una vez que nos ponemos en marcha y yo estoy montado y listo, ¿qué pasa si el camello no escucha cuando le digo: "yit, yit, yit" y el necio no se sienta? ¿Qué pasa si se enoja y se vuelve loco y se encabrita y me tira lejos y me baña de caspa y me da una reacción alérgica y empiezo a estornudar sin control y me daño la espalda?

¿Sabes qué?

No voy a montar un camello.

¿Qué sigue en la lista?

"Pasar veinticuatro horas a solas en la selva".

Sí. Por supuesto.

Este sería un desafío interesante porque soy de la ciudad. Normalmente no soy fanático de la vida silvestre o de la caza mayor o de los sarpullidos. No soy fan de la caza menor tampoco. Nunca he sostenido una rana o un lagarto y no quiero hacerlo. Esas cosas me ponen los pelos de punta. Y desde que escuché esa historia de Richard Gere años atrás, no pienso acercarme a un jerbo o ningún tipo de roedor un poco peludo. También hay una gran cantidad de serpientes en la selva y odio las serpientes. Me dan pavor. Tampoco me gustan las plantas de aspecto extraño, incluso si están llenas de hermosas flores. Estoy seguro de que la flor que toque o bien estará llena de veneno o será la única planta en el mundo que tenga dientes.

Tal vez en lugar de pasar la noche en la selva, consideraría pasar una noche en MacArthur Park en Los Ángeles. En realidad, eso es más peligroso que la jungla. Me matarían en ese parque. No es broma. No sé lo que pasa ahí, pero sé que es malo. En primer lugar, nunca se ve a nadie caminando en Los Ángeles. Así que si algo terrible me pasara en el parque y tratara de correr en busca de ayuda, sé que no habría nadie alrededor. Es increíble.

¿Cómo es posible que en una ciudad con una población de más de tres millones de habitantes nunca veas a nadie? ¿Dónde diablos están? Y todos los vehículos tienen los vidrios de las ventanas polarizados así que igual no ves a nadie. Las únicas personas que se ven son gente paseando a sus perros. Esas personas son realmente peligrosas. No puedes acercarte a ellas porque todas llevan gas lacrimógeno o algo parecido, especialmente cerca de MacArthur Park. Así que no, no me voy a pasar veinticuatro horas en el parque porque no quiero que algún loco me rocíe la cara con algo a lo que yo sería alérgico y entonces empezaría a estornudar incontrolablemente y me dañaría la espalda.

En realidad, espera un momento, he visto una persona caminando por la calle.

Mi vecino.

Camina todo el tiempo.

Es un hombre mayor, de mi edad, tal vez de sesenta.

Está en muy buena forma. Lo puedes ver porque camina con pantalones cortos, sin camisa.

Pero es de la vieja escuela.

Lee un libro mientras camina.

No un audiolibro. No usa auriculares. Sostiene un libro real. Un libro *libro*. Con portada y encuadernación y páginas y todo.

El tipo es un dinosaurio.

Camina y lee. A un ritmo bastante rápido también. La cabeza hacia abajo, los ojos centrados en la página, nunca mirando hacia arriba, caminando y leyendo, leyendo y caminando.

Al tipo lo van a matar.

Los coches pasan zumbando junto a él. Él no se da cuenta.

Un día va a pasar un hombre conduciendo un coche y va a ver a este tipo caminando y leyendo, y va a decir: "¿Qué hace ese tipo? ¿Qué tiene en la mano? ¿Qué es eso?". Y va a perder el control del coche y saltar la cuneta y lo va a atropellar.

Muerto por la lectura.

Supongo que no es una mala manera de morir.

Siguiente.

"Poner un pie en cada uno de los siete continentes".

Bueno, eso lo puedo hacer.

Vamos a ver.

Vivo en América del Norte, por lo que ahí va uno.

He estado en Europa.

Dos.

Luego está América del Sur, Asia, África, Australia y la Antártica.

¿Sabes qué?

No tengo tiempo.

Soy demasiado viejo.

Para cuando haya puesto un pie en los otros cinco, voy a haber cumplido setenta y cinco años, fácil. No puedo planear algo a tan largo plazo. Esto no debería ser para personas mayores de cincuenta años. Es un objetivo para alguien de veintitantos años. Es como una meta de vida.

De hecho, puedo tachar la Antártica porque al haber crecido en L.A. ya he estado allí.

Me crié en una casa sin aire acondicionado ni cale-facción. Los veranos no eran problema porque los días eran cálidos y soportables. Teníamos lo que todos llaman un calor seco, pero con brisa y por la noche la tempera-tura bajaba. Dormía con la ventana abierta para que en-trara el aire fresco. Sólo había un par de semanas al año, generalmente en septiembre, cuando la temperatura su-bía y el calor golpeaba tan fuerte que no te podías mover y la ropa se te pegaba al cuerpo.

El invierno, sin embargo, era brutal.

Tal vez era como nuestra casa estaba construida, pero una vez que llegaba el invierno y la temperatura en la noche bajaba en los cuarenta grados Fahrenheit, las pa-redes parecían bloquear el aire frío sin escape. Nuestra casa se convertía en un iglú. Algunas noches hacía tanto frío que me metía a la cama y corría en el lugar. Tiraba de las mantas hasta mi barbilla y pataleaba como si estu-viera flotando en el agua, tratando de calentar el único punto en el que me limitaba a estar. A veces podía ver mi aliento en mi dormitorio. Decía: "Joh" y soplaba aire a propósito para poder ver una nube formarse de mi respi-ración. Pensaba: "¡Maldición, esto es una locura. Estoy en mi habitación, tumbado en la cama, en *Los Ángeles*, y puedo ver mi aliento como si estuviera en North But-trash, Alaska".

Una vez que lograba que la cama estuviera agradable y cálida en el lugar donde yo estaba, me quedaba ahí quieto, sin moverme, como un cadáver. Porque si acciden-talmente me daba vuelta en la mitad de la noche y llegaba a una parte de la cama que no había calentado, se sentía como si me hubiera dado vuelta sobre una puerta de refrigerador. Te lo digo, esa habitación era *fría*.

Así que, hasta donde yo sé, sí, ya estuve en la Antártica, cada noche, durante todos los inviernos que viví en esa casa.

Debí poner una bandera en medio de mi habitación, como un explorador poniendo una bandera en medio de una capa de hielo.

Bueno, veamos qué más quería hacer esta gente después de los cincuenta.

"Atravesar el país en bicicleta".

Oh, esa es una necesidad. Absolutamente.

Un problema.

No estoy seguro de poder atravesar el país completo. De hecho, mi culo no aguantaría quince minutos en un asiento de bicicleta. Lo sé porque compré algunos equipos de entrenamiento y están tirados en mi casa casi sin usar. Me compré una bicicleta estacionaria. Intenté montarla. La instalé frente a la televisión. Sé que no debes hacer eso. Un tipo en el gimnasio al que solía pertenecer, un entrenador, supongo, me dijo que ver televisión mientras haces ejercicio no deja que te concentres en el ejercicio que estás haciendo. Tu mente y tu cuerpo deben estar concentrados en lo mismo al mismo tiempo. Al diablo con eso. Si no veo la televisión, no voy a hacer ejercicio. *Quiero* la distracción. Para mí, ese es el punto.

Y una vez que estás en la carretera, estás tomando tu vida en tus manos. No quiero ir pedaleando en mi bicicleta y que de repente me lleve por sorpresa un chico conduciendo y enviándole un mensaje de texto a su novia preguntándole: "Oye, ¿dónde quieres comer y qué llevas puesto?".

Ya es suficientemente malo que después de cumplir los cincuenta tu cuerpo comience a desmoronarse por su cuenta. No creo que debas ayudarlo. No es necesario que lo estreses.

En serio, no quiero tentar a la suerte. No esquío, no corro y no ando en bicicleta al aire libre porque estas actividades son demasiado peligrosas. Conozco a un tipo de unos cincuenta años que corre todo el tiempo. Está en muy buen estado físico. Una noche, decidió salir a correr. Se estiró porque no quería lastimarse. Luego cronometró su reloj y empezó a correr. Salió a la calle, agarró velocidad, dobló una esquina, pisó en un agujero, voló por el aire, aterrizó de cabeza, se aplastó el cráneo, se rompió el pómulo, se quebró la clavícula y se desgarró la rodilla. De alguna manera el tipo sobrevivió cuando fue como en siete direcciones diferentes a la vez. Olvídalo. Haz tu entrenamiento en casa.

Siguiente.

"Correr una maratón".

Bingo. De hecho, tengo algo de experiencia con eso.

Tomé la costumbre de correr brevemente justo después de cumplir los cincuenta.

Bueno, brevemente.

De hecho, corrí una carrera de 5 km con mi amigo RJ.

RJ había estado casado durante un año y, al igual que todos los esposos recién casados, había comenzado a inflarse. Había engordado unas buenas cuarenta libras. No estoy seguro de por qué los recién casados siempre suben de peso, pero todos lo hacen. Yo lo hice. Es automático. Te casas y un año después eres cuarenta libras más pesado. Y no sólo los hombres. Las mujeres también. Puede ser que estés emitiendo una vibración diferente, la de una persona casada, una señal inconsciente al mundo que anuncia: "Hola a todos, estoy fuera de la acción".

Tan pronto como haces el anuncio del inconsciente, te das permiso para dejarte estar. Ya no sientes la presión de tener que estar en perfecto estado o mantenerte en forma. Estás listo. Fuera del mercado. Anotaste. No más noches tristes y solitarias. No más vida de soltero. Di adiós a ir de bar en bar, a las discotecas y, lo mejor de todo, a las terribles citas a ciegas de tus amigos. Ahora estás casado y estás satisfecho (esa es la palabra clave), *satisfecho* de relajarte en casa, ver la televisión y... comer.

Recuerdo cuando mi ex-esposa y yo tuvimos la primera conversación sobre quedarnos en casa. Fue en el otoño de 1993. El mundo era un lugar diferente entonces. Nos hablábamos el uno al otro.

—¿Sabes qué? —me dijo mi nueva amada—. No salgamos. Cenemos juntos aquí, sólo los dos. Hagámonos un bistec. Enciende la parrilla.

—Suena genial —mentí.

—Vamos a tener una cena tranquila y agradable y luego nos acurrucamos y vemos *Beverly Hills 90210* y *Melrose Place* —dijo mi esposa.

—Me encanta la idea —mentí de nuevo.

En aquel entonces, antes de cumplir cincuenta años, mentía todo el tiempo. Era mucho más fácil. Daba muchos menos problemas. ¿Para qué decirle que lo último que quería hacer era ver *Beverly Hills 90210* y *Melrose Place*? No quería perder ni una noche haciendo algo sin sentido. Quería hacer algo productivo, como pulir mis *tees* de golf.

¿Y para qué admitir que no sabía nada de preparar un parrilla? ¿Cuál habría sido el punto?

No iba a decirle nada. Simplemente fingiría. De la forma en que ella lo haría en los próximos años cada vez que tuviéramos relaciones sexuales.

Tuve que empezar de cero. No teníamos libros de cocina y nunca había visto un programa de cocina. Nadie lo había hecho. Esto era en 1993, al menos diez años antes de que apareciera la Food Network. Nadie podía imaginar que cocineros mostrándote cómo cocinar se convertirían en un programa de televisión tan exitoso. Nunca habría pensado que alguien en realidad podría ser un "chef famoso". Eso habría sido un oxímoron, como "actor de *reality*" o "republicano moderado".

Me devanaba los sesos por una pista de cómo hacer una barbacoa. No hacíamos muchos asados a la parrilla o barbacoas en mi barrio, pero me acordé de un plato de Gladstone's on the Beach que solía amar y que cocinaban sobre un fuego abierto.

—Los bisteces no son suficientes —le dije a mi esposa—. Necesitamos un acompañamiento. Ya sé lo que voy a hacer. Vuelvo enseguida.

Corrí al mercado y conseguí un poco de camarones. Llegué a casa, encendí la parrilla, puse un par de gruesos filetes al fuego y luego metí los camarones en una bolsa que hice con papel aluminio, como había visto en

Gladstone's. Aderecé los camarones con sal, pimienta y una pizca de hojuelas de chile, agregué una barra entera de mantequilla, moví los bisteces para hacer espacio, puse la bolsa de aluminio en la parrilla y subí el calor.

ZZZZP.

Uy, hombre, esos camarones chisporroteaban.

Se me hizo agua la boca mientras estaba de pie junto a la parrilla y pinchaba el bistec y los camarones con mi espátula de metal y mis pinzas. Pensé: "Guau, tengo talento para hacer barbacoas. Es una bendición".

— Huele muy bien —dijo mi esposa.

—Lo sé —le dije—. Pero un acompañamiento no es suficiente.

Agarré una barra de pan de masa fermentada fresco, la corté entera, unté cada rebanada con mantequilla y los puse a la parrilla para que se doraran ligeramente.

Mientras nos disponíamos a ver *Beverly Hills 90210*, puse nuestras cenas en platos: bistec, camarones a la parrilla con mantequilla, pan con mantequilla a la parrilla y varias cervezas.

Delicioso.

Comimos así casi todas las noches.

Cuando me pesé al final de ese primer año de matrimonio, me sorprendí al descubrir que había engordado cuarenta libras.

Pensé que había engordado por lo menos sesenta. Me sentí aliviado, durante unos dos segundos. Entonces me sentí gordo. Hinchado. Enorme. Y asqueado de haberme dejado engordar de esa manera.

Me quedé en la pesa mirando cómo mi peso se

instalaba en la columna de esas cuarenta libras extra. Me bajé de la pesa y di un paso atrás para estar seguro. Sí. Aún cuarenta de más.

Mi esposa apareció detrás de mí y miró por encima de mi hombro.

—Tenemos que bajar de peso —dijo.

—¿Tenemos?

—Bueno, tú.

No sé por qué, pero después de un año de matrimonio, yo quería un poco menos "nosotros" y un poco más "yo".

En realidad, quería menos "yo" también. Quería ponerme en forma.

Por supuesto, esto lo había visto venir. Sabía que estaba ganando peso porque mis pantalones no me quedaban bien.

Para mí, el no caber en mis jeans favoritos era una enorme llamada de atención. Eso y subirme a la pesa y luego mirarme al espejo y ver a este mexicano gordo. Todas las pruebas que necesitaba. Había ganado una tonelada de peso y lo sabía.

Estoy sorprendido de que algunos tipos no puedan verse a sí mismos y la cantidad de peso que han subido. Debería ser obvio. Si te miras al espejo y ves que tu estómago sobresale de tu camisa, con la flacidez dejándose caer sobre tus pantalones, colgando hacia afuera, balanceándose como una tina gigante de jalea, ¿no sientes como un millón de campanas de advertencia? Tiene que registrarse. Tienes que decirte: "Epa, estoy engordando. Mira esto. Estoy al límite de *gordo*".

No puedes negarlo. Está justo frente a ti. Literalmente.

Escucha, me preocupa mi peso todos los días, sobre todo desde que cumplí los cincuenta. Me tomo cualquier aumento de peso muy en serio.

De hecho, tengo mi propia manera de medir mi peso antes de mirarme al espejo o pararme sobre la pesa.

La llamo la prueba del ombligo.

Hago esta prueba en el momento en que me despierto.

Primero, pongo la situación a prueba. Todo lo que hago es tenderme de lado y frotarme la barriga. Si se siente más grande de lo que recuerdo de la noche anterior, me asusto. La mayoría de las veces, estoy bien. Froto mi barriga y digo: "Muy bien, eso se siente bien. Estoy bien".

Ahora, si no logras ponerte de lado, entra en pánico. No pasaste la prueba porque, en serio, ya estás demasiado gordo para siquiera tomar la prueba de la gordura.

Pero, bueno, digamos que no estoy muy espantado con mi barriga. Entonces hago la prueba del ombligo.

Esto es lo que hago.

Muy simple.

Empujo mi ombligo y veo qué tan profundo se hunde.

Ese es mi barómetro. Funciona todo el tiempo.

Es la misma idea que esos barcos que tienen un palo en la parte posterior, que se utiliza para determinar la profundidad del agua. A medida que el barco se acerca al muelle, se puede ver la línea de flotación más reciente en el palo. Si el palo está empapado hasta arriba, sabes que el barco ha estado a salvo, que no se ha acercado demasiado a la orilla. No quieres que tu barco llegue hasta el final. El palo es tu advertencia. Si el palo no tiene línea de flotación, eso significa que literalmente tocaste fondo. No quieres tocar fondo. Es un problema. Significa que tu barco está a punto de estrellarse.

Mi ombligo es mi palo.

Sólo lo hago al revés.

Hasta dónde puedo hundir mi mano me dice lo gordo que estoy.

Si empujo mi ombligo y mi mano sigue avanzando hasta desaparecer en mi carne hasta la muñeca, esa es una señal de advertencia. Eso significa que he ganado demasiado peso. Eso indica que soy una ballena.

La prueba del ombligo es muy científica.

Porque es real.

Tienes que ser realista cuando se trata de tu peso, porque te vas a mentir. Tu mente te jugará malas pasadas.

Siempre me mentía cuando me compraba pantalones. Compraba pantalones mucho porque tenía que hacerlo. Subía y bajaba de peso constantemente. Entraba y salía de distintas clases de peso más que Oprah.

Al fluctuar así, no es sólo el acto físico de subir de peso lo que te afecta. Es la parte psicológica lo que realmente te mata. Es increíble lo mucho que mi peso está amarrado a mis emociones. Cuando perdía peso, estaba encantado. Pero ¿si me subía a la pesa y había engordado?

Me sentía devastado, deprimido, despreciable y como si tuviera un montón de trabajo duro por delante. Era desmoralizante.

Por lo tanto, la manera más fácil de lidiar con eso era mentir.

Sobre todo cuando salía a comprar pantalones.

Incluso antes de llegar al departamento de ropa de hombres, estaba preparado. Llevaba un número en mi cabeza, un número que diría cuando el vendedor preguntara:

—¿Le gustaría probarse unos pantalones? ¿Quiere que le consiga un probador?

—Por favor.

—¿Y cuál es su talla?

—Treinta y cuatro.

Lo decía con una cara seria.

—¿Treinta y *cuatro*?

—Sí.

—¿Y qué hay de la otra pierna?

Eso es lo que yo esperaba que dijera.

Pero lo único que hacía era ponerse la mano en la cintura e inclinar la cabeza y mirarme de arriba a abajo.

Yo me quedaba mirándolo de vuelta. No me inmutaba.

Por fin cedía.

—¿Sabes qué? Acabo de recordar. Dejé mis anteojos de sol en el coche. Ya vuelvo.

No volvía.

Hasta que perdía peso.

Pocos meses después de cumplir cincuenta años, me fui a comprar pantalones a una conocida tienda por departamentos. Había estado experimentando unas violentas fluctuaciones de peso y otra vez puse ese número deseado en mi cabeza. Treinta y cuatro.

Pero esta vez la vendedora que se me acercó era una mujer joven, muy atractiva.

—Soy Brianna —dijo con voz ronca. Sonrió. Sus ojos eran de color gris-verdoso ahumado y sexy. Yo me veía ahogándome en ellos—. ¿Puedo ayudarle? —ronroneó.

—Necesito unos jeans —le dije.

Brianna me miró de arriba a abajo. Me desnudó con la mirada.

—Sé lo que le quedaría muy bien —dijo.

La seguí hasta un estante de jeans en la esquina trasera del departamento de caballeros. Ella buscó entre un montón de jeans y se detuvo en un estilo y corte particular.

—Pruebe con estos —dijo Brianna—. Están muy a la moda.

En el momento en que abrió su boca y la palabra "a la moda" bailó sobre la punta de su lengua de aspecto delicioso, a mi se me secó la boca como Bakersfield. Di un paso y empecé a perder el equilibrio. Me sentí mareado. Pensé que me iba a caer.

Y entonces, de repente, mi mente dejó mi cuerpo.

Ya no estaba en el departamento de hombres de esa tienda.

Brianna y yo estábamos juntos, una pareja feliz, caminando de la mano. Estábamos sentados uno frente al otro en un restaurante, comiendo *brunch*, bebiendo mimosas. Entrelazábamos nuestros brazos, chocábamos las copas, bebíamos y nos reíamos.

Luego estábamos conduciendo por la costa en mi convertible, las olas rompiendo debajo de nosotros, ella echando su cabeza hacia atrás, con el pelo soplando al viento.

Luego estábamos bailando lento en la playa al son de una suave música de violín y el crepitar de una fogata, las sombras de las llamas lamiendo nuestras espaldas.

Y luego estábamos en la cama enredados en sábanas de raso, con un círculo de velas encendidas e incienso ardiendo a todo nuestro alrededor. De pronto ella volvía su cuerpo desnudo hacia el mío, abría la boca para darme un beso y decía:

—¿De qué tamaño es su cintura?

—¿Eh?

Parpadeé y me encontré de pie en el departamento de hombres de nuevo, frente a Brianna. Ella sostenía dos pares de jeans colgando en sus brazos.

—Los jeans —dijo.

—¿Sí?

—¿De qué tamaño?

—Treinta y cuatro —dije.

Ella tosió. Se aclaró la garganta.

—Eso es lo que pensé —dijo.

Metió la mano entre más jeans que colgaban del estante, sacó otro par y los puso sobre los otros dos.

—¿Le gustaría probarse estos?

—Me gustaría, sí, sin duda, por supuesto.

—Por aquí.

La seguí a la zona de probadores. Encontró uno vacío, empujó la puerta y puso mis jeans en el banco contra la pared del fondo.

—Dígame cómo le quedan —dijo y me guiñó un ojo.

—Lo haré, gracias —le dije.

Me guiñó el ojo de nuevo, salió del probador y cerró la puerta detrás de ella.

—Treinta y cuatro —dije en voz baja mientras me quitaba mis viejos jeans y tomaba uno de los que estaban en la banca—. Vamos, treinta y *cuatro*.

El segundo en que me subí los jeans más allá de las rodillas supe que nunca me iban a caber. Tiré más fuerte. "Quépanme, jeans a la moda", me dije. "*Quépanme*".

Hundí la barriga todo lo que pude y tiré del botón hacia el ojal. "Puedes hacerlo. ¡Vamos!".

Hundí la barriga aún más y tiré de ambos lados de los jeans con todas mis fuerzas. Apreté los dientes. Hinché las mejillas. Inhalé y exhalé y gruñí como si fuera un levantador de pesas.

HUNDÍ LA BARRIGA TODO LO QUE PUDE Y TIRÉ DEL BOTÓN HACIA EL OJAL. "PUEDES HACERLO. ¡VAMOS!".

No pude ponerme los jeans. Pero me negaba a darme por vencido. "Vas a lograrlo", me dije.

Saqué los otros jeans del banco y me acosté sobre él. Hundí mi estómago y tiré del botón hacia el ojal. Rechiné los dientes. Gruñí. Gemí. El botón se acercó al ojal. Más cerca. Más cerca. *Voy a lograrlo*. Dos pulgadas de distancia. Una pulgada y media. Una pulgada...

Perdí mi agarre. La cintura de los pantalones voló de mis manos.

—¡Chinga tu madre!

—¿Está todo bien ahí adentro?

Era Brianna.

Me senté en el banco.

—¡Sí! Estoy bien. Me gustaron tantos estos jeans que perdí el control. "Chinga tu madre, ¡son geniales!", eso fue lo que dije.

—Se lo dije —su voz cantó sobre la puerta del probador.

—Sí, lo hiciste. Tenías razón —le dije—. Me voy a probar otro par.

—Genial. Voy a estar aquí afuera.

Me acosté de nuevo en el banco y me saqué meneándome los jeans. Cogí otro par.

—¿Qué voy a hacer? —me dije—. Estos nunca me van a caber.

Suspiré y luego algo en la etiqueta llamó mi atención. Un número.

Treinta y seis.

—Genial —me dije.

Brianna me había pasado un treinta y seis cuando yo no estaba mirando. Ella no creía que pudiera caber en un treinta y cuatro. Sabía que era el número que tenía en la cabeza, el número con el que había venido, mi número deseado. Y entonces me di cuenta.

Realmente le gustaba a la sexy, atractiva Brianna de ojos ahumados.

Todo volvió a mi mente y ahí estaba yo en ese montaje de comedia romántica en cámara lenta que generalmente protagonizan Jennifer Lopez y un tipo atractivo de veintitantos. Pero en lugar de J-Lo éramos Brianna y yo.

Brunch. Mimosas. Conduciendo por la costa. Bailando lento en el banco. Sábanas de raso e incienso.

Deshazte de esos treinta y cuatro.

Dame esos treinta y seis, deja que me los ponga y pongámonos en onda.

Me tendí de nuevo en el banco y me metí retorciéndome los treinta y seis hasta las piernas, más allá de las rodillas, hasta mi cintura, levanté el culo y...

No me entraban.

Los malditos jeans no me quedaban bien.

—No —me dije.

Inspiré y tiré de la cintura de los jeans hacia arriba con toda la fuerza que tenía.

Los treinta y seis no me *entraban*.

—No —repetí—. ¡NO! ¡NOOOO!

Empecé a llorar.

Estaba demasiado gordo para caber en los treinta y seis.

¿Qué se supone que debía hacer entonces, pedirle a Brianna unos *treinta y ocho*?

—¿Cómo le quedan esos?

Brianna, de nuevo.

Pero ahora había algo en su voz.

Sonaba diferente. Se había puesto fría y formal. Ya no sonaba como mi sexy alma gemela. Sonaba como una vendedora tratando de venderme un par de pantalones.

Inhalé.

—Están bien, sabes, muy bien, un poco ajustados...

—¿Ajustados?

Se había terminado.

¿Qué se suponía que debía decir?: "Sí, Brianna, esos

treinta y seis están muy apretados. Tráeme un cuarenta, ¿puedes? Y un cuarenta y dos también para estar seguros, ¿quieres?".

Eso no va a funcionar.

¿Qué tal esto?: "Oye, Brianna, ¿sabes qué? Voy a olvidarme de los pantalones por hoy. Están demasiado apretados. Sólo voy a matarme de hambre y usar laxantes cada hora hasta que pierda peso. Volveré dentro de tres semanas. Me van a caber esos treinta y cuatro y tú y yo nos revolcaremos en la costa".

—¿Está todo bien?

Ella estaba justo afuera de la puerta del probador, pero sonaba a un millón de millas de distancia.

—Si. Estoy bien.

—Suena como si estuviera llorando.

—Sí, sí, no, me gustan tanto estos pantalones. Me pongo muy emocional cuando me pruebo un par de jeans tan maravilloso. Me sobrecojo. Pero, ¿sabes qué? Me acordé de que dejé mis anteojos de sol en el coche y voy a correr hasta el estacionamiento...

—Puedo marcarle estos jeans de modo que cuando vuelva...

—No, está bien, gracias, pero volveré enseguida. Vuelvo enseguida.

—Como quiera.

Oí sus tacones altos traquetear lejos de la zona de probadores y fuera de mi vida.

—Sí, perfecto —dije.

Me levanté, me puse mis viejos jeans y me miré en el espejo.

Que fue cuando el día se puso aún peor.

Mirando al espejo *lo* vi.

Lo único que había estado temiendo que vería cuando cumpliera los cincuenta. Sabía que era cuestión de tiempo.

—No —me dije—. No puede ser. No aquí. No ahora.

Pero allí estaba, tan claro como el día, mirándome desde el dorso de mi mano.

Una mancha de edad.

La primera que tenía.

El pequeño punto marrón acababa de aparecer. Sólo así.

Supongo que me alegré de que apareciera en mi mano y no en la frente o la nariz.

También tenía un plan para esto.

Antes de salir de la casa, me pondría un par de M&Ms en el dorso de la mano y dejaría que se derritieran. Entonces, si alguien veía mi mancha y preguntaba:

—Oye, ¿qué es eso? ¿Es una mancha de edad...?

—No, hombre, es sólo un poco de chocolate —y comenzaría a lamérmela.

De ningún modo aceptaría una mancha de edad.

Me metí la mano al bolsillo, salí del probador y me fui echo un rayo de la tienda.

Después de esa humillante tarde en el departamento de hombres, me fui a trabajar. Reduje mi consumo de calorías y me puse a comer un montón de ensaladas. También empecé a subir las escaleras al interior de mi casa. Sabía que no era suficiente. Tenía que hacer algo más. ¿Pero qué?

Una tarde recibí una llamada de RJ.

—Voy a correr una maratón —dijo.

—¿Vas a qué?

—Voy a correr una maratón. Veinte y seis millas, en forma consecutiva, todo de una vez.

—Sé lo que es. Y te oí la primera vez. Sólo quería que lo repitieras porque suena muy divertido.

—Esa no es la parte divertida. Aquí está la parte divertida. Tú la vas a correr conmigo.

—Tienes razón. Eso es gracioso. Es muy gracioso. Yo no corro. No me gusta correr, ya lo sabes.

—Tienes que hacerlo.

—¿En serio? ¿Y por qué?

—Porque si yo puedo hacerlo, tú puedes hacerlo.

—Esa no es una buena razón, RJ. Esa es una razón terrible.

—¿Qué tal esto? Te pusiste gordo.

Con eso me atrapó.

Yo realmente no quería correr, odio correr, pero pensé que tal vez en este caso podría valer la pena. Y ya que había tachado todo lo demás en la lista de "cosas que hay que hacer cuando cumples cincuenta", pensé que tal vez debería probar al menos una cosa.

—¿Sabes qué? Lo voy a hacer.

—¡Muy bien! Te voy a tomar la palabra. Comenzamos el entrenamiento mañana.

—¿Entrenamiento?

—Sí. Esto es serio. No te arrepentirás.

—Ya me arrepiento.

Fui a la tienda Nike esa tarde y me equipé con un

poco de ropa *cool* para correr. En tanto fuera a correr al aire libre, donde la gente podía verme, tenía que asegurarme de que me veía bien. Porque nunca se sabe. Alguien puede verte y sentirse interesado en algo más físico y divertido que correr.

Compré una sudadera cómoda y costosa, unas camisetas muy a la moda, un par de bandas para sudar, rodilleras y un poco de ungüento para frotar mis pezones en caso de que se irritaran. Oye, eso es lo que he oído. Si corres muy duro en el calor, tus pezones se agrietan, se hacen llagas y se irritan. No podía imaginar nada peor que un par de pezones irritados. Quería evitarlo. No iba a correr ningún riesgo. También eché un vistazo por la tienda y detrás del mostrador para ver si vendían ungüento para el pito. Pensé que si los pezones se irritan, la verga también podría hacerlo.

Además me compré varios pares de llamativos pantalones cortos. Lo mejor que tenían era la cintura elástica. Después de mi terrible experiencia comprando jeans, me encantó la idea de pantalones que tuvieran una cintura que se extendía. Una talla para todos. No quería preocuparme de que mis pantalones cortos fueran a ser demasiado grandes o, Dios no lo quiera, ajustados.

Salí de la tienda sintiéndome muy bien. Me gustaba cómo me veía. Esta cosa de correr estaba resultando bien.

RJ y yo nos encontramos a la mañana siguiente en la pista de una escuela secundaria cercana para nuestra primera carrera de entrenamiento. Era temprano, alrededor de las siete, y ninguno de los dos parecía muy emocionado de estar haciendo esto.

—Hola —dijo.

— Hola —le dije.

— Lindos pantalones cortos —dijo—. ¿Qué son, talla cuarenta y dos?

—Simplemente hagamos esto.

—Un momento —dijo.

RJ exhaló lentamente y se inclinó ligeramente. *Muy* ligeramente. Casi imperceptiblemente.

—¿Qué es eso? —le pregunté.

—¿Qué?

—Eso —me incliné ligeramente para mostrarle—. ¿Qué estás haciendo?

—Estirando —dijo RJ—. No quiero desgarrarme nada.

—Eso no es estiramiento. Eso es asentir con la cabeza. Parece que estuvieras asintiendo.

—Tienes razón —se enderezó. A la mierda. Vamos a correr.

Entramos a la pista y empezamos a correr. Resoplamos y gemimos y sudamos por unos buenos veinte minutos y luego nos detuvimos. Habíamos llegado casi a mitad del camino de una vuelta. Ninguno de los dos podía recuperar el aliento. No pudimos hablar durante mucho tiempo.

—Esto estuvo bien —dije finalmente.

RJ levantó la mano como si estuviera pidiendo una cerveza en un juego de los Lakers.

—Genial —dijo.

Al menos creo que dijo "Genial". Lo que salió de su boca fue un ruido sibilante que sonaba como "Gnnnahllmm".

—¿Vamos a hacer esto de nuevo mañana? —pregunté.

RJ levantó la mano otra vez.

Yo estaba bastante seguro de que eso significaba que sí.

RJ me llamó esa tarde.

—Estaba pensando. Correr una maratón podría ser un poco excesivo.

—¿Eso crees? ¿Qué te hace pensar eso? ¿Fue que corrimos durante veinte minutos y apenas hicimos unos cien metros?

—Tiene algo que ver con eso, sí.

—Mira, hombre, no somos niños. Y estamos un poco fuera de forma.

—¿Un poco?

—Sí. Un poco.

—Entonces seamos realistas acerca de esto —dijo RJ—. Olvidémonos de la maratón.

—Gracias.

—Hagamos la media maratón. Trece millas.

—Genial —dije—. Eso va a ser mucho más fácil.

Después de entrenar como si estuviéramos en un campo de entrenamiento militar cada mañana durante los próximos dos meses, también nos dimos por vencidos con la idea de la media maratón. Decidimos que para nuestra primera carrera oficial teníamos que hacer algo mucho más corto, una carrera de 5 kilómetros, que son 3,1 millas. Todavía no habíamos sido capaces de llegar tan lejos en nuestro entrenamiento, pero supusimos que nuestra emoción y adrenalina nos empujaría las otras 2,9 millas que necesitábamos para terminar.

Nos inscribimos en una carrera en el Valle de San Fernando en una suave mañana de sábado en octubre. Llegamos esa mañana junto con cerca de otros 2.000 ávidos corredores. Yo dije algo acerca de volver a casa y dormir, pero RJ alargó la mano y agarró las llaves antes de que pudiera encender el coche.

—Vamos a hacer esto —dijo.

Nos bajamos del coche y encontramos un puesto a unas veinte yardas de la línea de salida. Corrimos en el lugar para soltarnos y entonces alguien hizo el conteo de los últimos segundos a través de un megáfono y la multitud comenzó a cantar, lo que me dio un susto tremendo. Sonaba como la carrera de los toros. Entonces, el arma se disparó, asustándome aún más, y nosotros, los 2.000 corredores gritamos y nos lanzamos hacia adelante.

Digamos 1.998 de nosotros.

—Tenemos que mantener nuestro ritmo —dijo RJ, jadeando mientras trotábamos ligeramente más rápido que una caminata.

—Totalmente de acuerdo —le dije mientras todas las demás personas en la carrera nos pasaban—. No queremos agotarnos demasiado pronto.

—Sí. Vamos a reducir la velocidad.

—No creo que podamos ir más despacio —le dije.

—Difícil carrera —dijo RJ, bramando un poco de aire.

—¿Difícil carrera? Hemos avanzado diez pies.

Tosió y levantó su mano en el aire como si estuviera pidiendo una cerveza en un juego de los Lakers.

Seguimos avanzando con dificultad. El tiempo se

hizo más lento. Seguimos impulsándonos, forzando una pierna delante de la otra. En un momento nos miramos el uno al otro. RJ parecía estar corriendo primero en cámara lenta y luego cuadro por cuadro. Me eché a reír y luego me di cuenta de que estaba corriendo a su lado, lo que significaba que yo también estaba corriendo en cámara lenta y cuadro a cuadro.

De alguna manera, milagrosamente, pasamos el marcador de la primera milla. Los espectadores a los lados del camino aplaudieron y corrieron junto a nosotros, gritando: "¡Puedes hacerlo!", y "¡Te ves muy bien!". Yo saludé con la mano y aplaudieron.

No sé cómo me veía, pero me sentía fatal. Mi labio inferior estaba agrietado y el sudor brotaba de cada uno de mis poros. Hice una nota mental de volver a la tienda de artículos para correr después de la carrera porque mis pezones se sentían bien, pero mi verga estaba empezando a irritarse.

Pensé en acelerar el ritmo, pero tenía miedo de que si me movía más rápido se me caerían los pantalones cortos. De repente, me empezó a doler un costado. Reduje la velocidad a poco más que un paseo. Miré a RJ. Si es que acaso era posible, se veía incluso peor que yo.

—¿Cómo estás? —le pregunté.

Gimió y sacudió la cabeza miserablemente.

—Sí, yo también —le dije—. Recuérdame de nunca volver a hacer esto.

—Quieres... parar?

—No sé. ¿Tú?

—No sé. ¿Tú?

—¿Tú quieres?

Miré a mi alrededor. No pude ver a nadie más en la carrera. El camino a nuestro alrededor estaba vacío, desierto. Los 1.998 corredores nos habían pasado y estaban en algún lugar muy por delante de nosotros. Éramos los dos últimos corredores en la carrera.

—Oh, sí, oh, sí.

RJ levantó la mano como si estuviera pidiendo una cerveza en un juego de los Lakers.

—¿Qué?

—Creo que me está llegando un segundo impulso —dijo, y luego uno de los dos se tiró un pedo.

Ambos empezamos a reírnos.

Entonces RJ corrió un poco más rápido, desafiándome. Me sonrió mientras empezaba a avanzar hacia adelante.

—Ey, ¿qué diablos? —le dije, lanzando un respiro y moviéndome para alcanzarlo.

De repente, oí un golpecito detrás de nosotros, como si alguien estuviera golpeando el concreto con un palo.

Clic, clic, clic.

El golpecito se acercó.

Y se acercó más.

Y más.

Clic.

Clic.

Clic.

—¿Qué es eso? —le pregunté a RJ.

Me volví y vi a un hombre ciego corriendo al lado de nosotros, tocando el camino frente a él con su bastón.

CLIC.

CLIC.

CLIC.

—Es un hombre ciego —le dije.

—Sí —dijo él.

—Nos está alcanzando.

—Sí —dijo RJ, con una respiración sibilante.

—Nos va a pasar. Un hombre ciego nos está pasando. Un hombre *ciego*.

—No creo que me quede una gota de energía —dijo RJ. Sonaba como si hubiera entrado en un mundo de dolor.

—RJ, esto es lo peor. Todo el mundo nos está ganando. Niños pequeños, ancianos, personas muy viejas y ahora un ciego. Con un bastón.

Él hizo una mueca. Su rostro estaba congelado en una gran mueca.

—Esto es vergonzoso —le dije—. No sólo vamos a terminar últimos, sino que vamos a terminar últimos detrás de una persona invidente. Es humillante.

RJ gimió.

—No puedo evitarlo. No puedo ir más rápido. No estoy seguro de poder lograrlo.

— No puedo hacer esto —le dije.

—¿Vas a renunciar?

—No. Voy a decirle al tipo ciego que va por el camino equivocado.

—¿Qué?

—Sólo por esta vez. Lo voy a mandar hacia allá, hacia el centro comercial. Estará bien. Va a pasar un buen rato.

—Quiero dejar constancia. Hacer eso no es bueno.

—Lo sé.

—Nos podemos ir al infierno. Bueno, tú, de todos modos.

—Tienes razón. —Me volví hacia el hombre ciego—. Perdone, ¿señor?

El ciego miró en nuestra dirección.

—¿Sí?

Clic.

Clic.

Clic.

—Bueno, a ver, quería decirle...

Clic.

Clic.

Clic.

—¿Sí?

RJ me miró. Miré a RJ. Me encogí de hombros y me volví hacia el hombre ciego. Él siguió corriendo, inclinándose hacia adelante. Nos pasó, tocando el camino frente a él con su bastón. Inclinó la cabeza hacia mí.

—¿Sí?

—Quería decirle —dije de nuevo—. Que va...

Él inclinó la cabeza hacia mí. Sonrió.

—Muy bien —dije—. Va muy *bien*. Se ve muy bien y va muy bien.

Le di el visto bueno con el pulgar.

—Gracias.

Él me miró y pasó junto a nosotros.

—Correr —dijo RJ después de un rato, retardando el paso. Yo también reduje la velocidad y comencé a caminar a su lado. El clic-clic-clic del bastón del ciego hacía eco en la calle vacía en la distancia cada vez mayor entre nosotros—. Esto no es para mí. Si los invidentes me pasan, estoy fuera.

—Esta fue una idea estúpida —le dije.

—No tan estúpido como darle el visto bueno con el pulgar al ciego —dijo RJ.

—Sí, bueno, cuando corres, te mareas y no piensas bien. Entonces, estamos mandando esto al infierno, ¿no? —le pregunté.

—Diablos, sí. Estamos dejando de correr para siempre —dijo RJ.

—Así es. A menos de que estemos siendo perseguidos.

—Exactamente.

—Bien, entonces, voy a esperar aquí mismo mientras traes el coche.

RJ no dijo nada. No tenía que hacerlo. Sólo esperó a que yo hablara.

—Valió la pena intentarlo —le dije.

Siguiente en la lista.

"Aprende un idioma".

Finalmente. Algo que definitivamente iba a hacer. Me gustaría aprender francés.

Debido a que los franceses son unos pendejos, me gustaría saber lo que están diciendo.

También se trata de una lengua que suena prestigiosa, lo que podría impresionar a algunas personas y ayudarme a conseguir una mejor habitación o mesa en un hotel o en un mejor lugar en una línea si estoy esperando para entrar a algún lugar en Francia que sea sofisticado y cosmopolita, como Euro Disney.

Por cierto, saber español no te da una ventaja cuando se trata de aprender francés. He estado en París y mi español no me ayudó nada. He estado en *España* y mi español no me ayudó nada. Me pregunto si mi español es el problema. Tal vez el español con el que crecí en el Valle de San Fernando es diferente al español que se habla en lugares extravagantes como España.

Olvídalo. Cambié de parecer. No voy a aprender un idioma. Después de los cincuenta es demasiado difícil. De hecho, si la idea es hacer finalmente lo que siempre has querido, entonces lo que quiero hacer es quedarme en casa y ver la televisión. No sólo me encanta ver televisión, sino que soy realmente bueno haciéndolo. Me considero un experto, sobre todo cuando se trata de los comerciales. ¿Sabes por qué?

Mienten.

Como ya hemos establecido, soy el mejor en detectar una mentira.

Empecemos con todos esos comerciales de cerveza. Todos ellos se confunden porque no tienen ningún sentido.

Es un día caluroso en la ciudad. La gente está saliendo del trabajo. Los hombres están vestidos con saco y corbata y las mujeres visten trajes de pantalón y vestidos. Todo el mundo está sudando y se ve miserable. De repente, pasa un tren y alguien abre una cerveza fría y toda la gente se congela y hay hielo por todas partes. Luego suena la música y comienza una fiesta y hay un DJ y todo el mundo usa trajes de baño y baila y bebe cerveza. De locos. ¿Y sabes qué? He bebido un montón de cerveza en mi vida y ni una vez ha aparecido una pareja interracial y ha instalado una red de voleibol. Y el encantador de perros podría trabajar con mi perro todos los días durante un mes y nunca podría enseñarle a traerme un paquete de cervezas.

El comercial más estúpido de cerveza es ese en el que se pierde el cachorro. Todo el vecindario se reúne en torno a esta pobre niña que ha perdido a su cachorro y luego todos salen a buscar al perro. Eso nunca sucedería. La gente está tan nerviosa y asustada en estos días que si fueras al parque y preguntaras: "¿Ha visto a mi perrito?", todas las personas en el parque te rociarían la cara con un alguna cosa. Pero en el comercial un tipo encuentra al cachorro y todo el mundo se alegra y se desata otra fiesta y todos están bebiendo y riendo y el cachorro arrastra una cerveza hasta donde está un grupo de chicas muy atractivas en bikinis y la pareja interracial está jugando voleibol en la piscina.

¿Sabes quién está faltando en estos anuncios? ¿Sabes a quién no ves nunca?

Latinos.

No existimos. Estamos ausentes de la vida estadounidense. Al parecer, no bebemos cerveza ni bailamos ni hacemos fiestas ni nos preocupamos por el cachorro perdido de una niña. La gente de la India aparece más en comerciales que los latinos. Es cierto. Estamos siendo desplazados por gente de la *India*. El estúpido geco obtiene más tiempo en cámara que cualquier actor latino.

Pero ¿sabes lo que veo en estos anuncios?

Racismo.

Es sutil al principio, pero se hace evidente si prestas atención.

Por ejemplo. Cada comercial incluye a una persona afroamericana. Cada hombre blanco tiene al menos un amigo afroamericano. A veces dos. Sin embargo, nunca más de dos. Vienen de visita. Un hombre trae leche. El otro tiene una galleta. Hacen una barbacoa y chocan botellas de cerveza. Después vas adentro y todos los chicos están viendo un partido juntos, tres chicos blancos y su único amigo afroamericano, y están saltando del sofá y chocando cinco unos con otros y todos están vestidos con camisetas y comen pizzas DiGiorno's. Luego se hace un desmadre y derraman su basura por todas partes y la mandona mujer del afroamericano los hace a todos tirarse al suelo y limpiar la alfombra, juntos, como uno solo, en armonía.

El ejemplo más flagrante de sutil racismo que he visto, el que me vuelve absolutamente loco, es el comercial de los restaurantes Golden Corral Buffet.

Dos parejas están en un coche yendo a cenar. Una pareja blanca va sentada en la parte delantera y una pareja negra va en la parte trasera. Lo sé. Sí. Cómo no. Aguanta ahí. Okey, la mujer blanca empieza a describir el nuevo restaurante de alta categoría al que van. Ella está muy emocionada. Le da y le da sobre lo difícil que es conseguir una reserva. El lugar es tan fabuloso y popular y espera que el nuevo chef esté ahí porque es increíble, bla, bla, bla...

Luego pasan junto a un restaurante Golden Corral y

la pareja negra en el asiento trasero se pone de lo más exaltada. Se miran entre sí y sonríen y luego (trágate esto) *se lanzan fuera del coche y corren hacia el restaurante Golden Corral.* Sí. Ellos, obviamente, prefieren el buffet de todo lo que puedas comer a bajo costo que el exclusivo y costoso restaurante de lujo. Es más su estilo, supongo, más apropiado. Más *ellos.* Tanto así que para comer allí se lanzarían desde un automóvil en movimiento.

¿En serio?

Primero que todo, ¿por qué la gente que hace comerciales de televisión insiste en crear un mundo en el que los blancos siempre pasan el rato con sus dos amigos negros?

Y, segundo, sabes que el comercial es falso porque en la vida real, sin distinción de raza, credo o color, los tipos estarían sentados adelante y las mujeres atrás.

Okey, me alegro de haberme sacado eso de encima.

¿Sabes qué?

Olvídate de la lista de deseos. En serio.

Acabo de salirme de ese sitio web.

A los cincuenta años, estoy feliz con sólo estar donde estoy, trabajando, jugando golf cuando puedo, viendo la televisión y ordenando mis *tees* de golf y mis marcadores de pelotas cuando necesito relajarme.

Tal vez no es tan emocionante como montar en camello, pero ¿y qué?

Es quien soy.

CONCLUSIÓN:
VOLVER
A CASA

NO voy a mentir.

He tenido una buena vida.

Claro, como todo el mundo, he tenido mi cuota de altibajos.

Disfruté de una exitosa serie de televisión que se emitió durante seis años y duró más de cien episodios y vi la dolorosa muerte de mi programa de entrevistas nocturno que se extinguió en menos de dos años.

Sobreviví una enfermedad renal y un divorcio. Uno me causó un dolor intenso y constante en el costado y casi me quitó la vida. El otro fue la enfermedad renal.

Conocí y me hice amigo de algunas personas increíbles. Llegué a actuar en el mismo programa con el inmortal Carlos Santana, quien se ha convertido en un amigo cercano y un consejero espiritual.

Me enamoré del golf, viajé por todo el país, por todo el *mundo,* y jugué en los campos de golf más hermosos que jamás podrías imaginar, a veces con leyendas del golf, como el incomparable Lee Trevino.

A lo largo de los años, el golf me ha enseñado algunas de las lecciones más importantes que he aprendido en mi vida, como salir del paso lo más rápido que puedas, no te hagas el as y empeores las cosas. El golf también me enseñó a ser paciente y persistente cuando las cosas se ponen difíciles, y a no ser un idiota y dejar que las cosas te afecten, y a asegurarte de que tu ropa combine cuando sales de tu casa. También, una lección muy importante; muy pocas personas se ven bien en pantalones bombachos y yo no soy una de ellas.

He tenido la suerte de haberme ganado bien la vida haciendo lo que amo, que es algo que deseo para todos. Sé lo que es ser pobre y no quiero volver a serlo de nuevo, y no se lo deseo a nadie.

Pero a veces me pregunto si he perdido los valores que mis abuelos inculcaron en mí cuando me criaron en esa casa en la sección de Mission Hills del Valle de San Fernando de Los Ángeles. Me pregunto si me he vuelto blando.

Empecé a pensar en esa casa, en la que crecí, y en esos días, cuarenta años atrás, cuando era niño, tratando de entender el mundo, tratando de encontrar mi camino. Pareciera que fue hace mucho tiempo y, sin embargo...

Hay una tendencia ahora: cuando las personas se van de vacaciones quieren pasar su tiempo viviendo como una "persona normal". No quieren ser turistas. No quieren quedarse en un hotel o disfrutar de las atracciones turísticas habituales o comer en restaurantes turísticos de lujo. Quieren quedarse en un apartamento típico o alojar con una familia local y comer donde la gente local come. A veces, estas personas incluso desean conseguirse un trabajo por una semana o dos para experimentar realmente el lugar que han elegido para irse de vacaciones.

Para mí, eso es ir demasiado lejos. Si me voy a ir de vacaciones con el fin de escapar del trabajo, ¿por qué habría de querer trabajar? Pero la gente lo está haciendo. Trabajos mecánicos además. Cosas como lavar los platos u ordenar habitaciones de hotel y limpiar baños, o trabajar como ejecutivo en TBS.

Pero luego pensé, ¿sabes qué?, entiendo su punto. Vivir como un residente local suena realmente interesante y desafiante incluso. Realmente creo que me he puesto muy mimado.

Me pregunto cómo sería volver a mis raíces, a mi antiguo barrio, y vivir como lo hacía cuando era un niño, cuando era pobre.

Pensé en esto un día mientras estaba sentado con una taza de té en uno de mis lugares favoritos, el confortable vestíbulo de un famoso antiguo hotel de Hollywood.

Me recosté en el cómodo y mullido sillón en ese vestíbulo y pensé: "¿Cómo lo haría? ¿Es una locura? ¿Podría desaparecer durante un mes y mezclarme en alguna parte?".

Mientras pensaba en eso, una mujer que llevaba un vestido rosa a lunares, un sombrero de ala ancha y grandes anteojos de sol salió de la exuberante vegetación del patio exterior/restaurante paseando a su perro con una correa. Sí, este restaurante acepta perros. La mujer se veía perturbada. Ubicó a la anfitriona, le hizo señas con la mano, luego se acercó a ella y empezó a quejarse.

—Nos vamos —dijo la mujer. Asintió con la cabeza en dirección a su perro—. A Daisy no le gustó la comida.

—Oh. —La anfitriona, a quien conozco, se veía preocupada—. Lo siento mucho.

—Bueno, ella se la comió, pero me di cuenta de que no estaba feliz.

Yo pensé: "Claro, se lo comió. Es un perro. Comen cualquier cosa. Comen mierda de perro. Probablemente le dieron un pastel de carne de treinta dólares".

—Debería haberla devuelto —dijo la anfitriona—. Le habríamos traído, digo, a Daisy, otra cosa.

—No te preocupes —dijo la mujer, levantando la nariz en el aire—. No vamos a volver.

—Vaya —dije—. Espero que el perro no trabaje para Zagat.

Mientras miraba a la mujer salir del hotel con su perro, pensé: "¿Acabo de soñar eso? ¿Esa mujer estaba molesta porque a su *perro* no le gustó la comida? ¿En serio?".

Decidí en ese momento que necesitaba un descanso de las personas que llevan a sus perros a restaurantes de hotel y se quejan de la comida. Sabía lo que iba a hacer. Me mudaría a la casa de mi abuela por un mes, solo.

Para llevar esto a cabo, tendría que hacer concesiones.

En primer lugar, adiós teléfono celular. Eso significa estar sin mensajes de texto, sin correo electrónico, sin Instagram, sin Twitter, sin Facebook y sin aplicaciones. No más juegos en mi teléfono, no más "Draw Me", no más "Words with Friends", nada de eso.

De hecho, no tendría Internet.

Eso me gustaría.

Conozco a un tipo cuyo Internet se echó a perder y sus hijos se volvieron locos. Actuaban como drogadictos con síndrome de abstinencia. Empezaron a rascarse y a abrazarse. Se acurrucaron en un rincón, aferrándose el uno al otro bien apretados. Les corrían los mocos y apenas podían hablar.

—¿Cuándo va a volver a funcionar? ¿Cuánto más tendremos de esto? ¿Cómo es que no hemos conseguido que lo arreglen?

El padre les dijo:

—¿Saben qué? Si así es como se van a comportar, tal vez no lo arregle.

—¿*Qué*?

—Ya me oyeron. Tal vez no arregle la Internet. De esa manera tendrán que aprender a leer un libro.

Su hija lo miró.

—Eso es cruel. Eres *malo*.

Cuanto más pensaba en mudarme a la casa de mi abuela, más me intrigaba la idea. Quería volver atrás en el tiempo, cuando las cosas parecían ser más simples, más básicas y sin banalidades. Comenzando con...

No más teléfono inteligente. Me permitiría tener un teléfono fijo, un antiguo teléfono con disco de mercado que pondría en una mesa en el pasillo. Un teléfono básico, negro, con un descanso de cuello de plástico como el que mi abuelo le puso al nuestro. Un número de teléfono, una línea. Sin llamada en espera ni correo de voz. Y sin una molesta contestadora.

No llevaría computadora tampoco. Llevaría un cuaderno y algunos lápices. Si tuviera una idea, la apuntaría.

O tal vez la dejaría ir. Si una idea vale la pena, se quedará conmigo y todavía será una buena idea un mes más tarde.

Tendría televisión, pero no me gustaría tener cable o DirecTV. Nunca tuvimos cable cuando era niño. Teníamos las estaciones locales, canales 2-13, y eso era todo. Podría ver a los Dodgers y los Lakers y si organizo bien los tiempos, un gran torneo de golf. Echaría de menos los canales de películas, pero si tengo suerte, para compensarlo, tal vez conseguiría ver una buena persecución policial a toda velocidad en el Canal 9.

Necesitaría un coche, por si acaso, pero no el Porsche o el Beemer o el Escalade. Llevaría uno de los menos visibles. O tal vez iría a un lote de autos usados y escogería un cacharro. Necesitaría algo que no se destacara en el barrio y que no fuera desmantelado en la primera media hora.

En cuanto a la ropa, tal vez empacaría una maleta. Dependiendo del tiempo, llevaría un par de cambios y un paraguas por si necesito uno, pero lavaría mi propia ropa, para siempre tener suficiente ropa interior y calcetines frescos. Ah, y mi bata. No puedo ir a ningún lado sin mi bata. No enviaría nada a lavar fuera, lo que significa nada de tintorería. Y si me aburro y siento la imperiosa necesidad de ir a comprar ropa, tendría que aplastar ese sentimiento. No ir de compras. De hecho, llevaría sólo una pequeña cantidad de dinero en efectivo. Y no llevaría mi tarjeta de crédito negra. Dejaría mi tarjeta negra y mis otras tarjetas platino en casa.

Si tuviera ganas de comerme un bocadillo o necesitara pasta de dientes o papel higiénico, haría lo que hacía cuando era niño. Iría a pie a la estación de gas. Y haría todo yo mismo. No mandaría a nadie. No tendría asistentes. Hombre, estamos hablando de vivir totalmente con lo esencial.

Espera.

¿No tendría asistentes?

¿Quién programaría mis reuniones?

Correcto. No tendría reuniones.

Podría hacerlo. Realmente podría. Sería necesario mucho sacrificio, pero sé que podría hacerlo. Tendría que comprobar una cosa antes de comprometerme a ello. Tendría que asegurarme de que la tienda de licores cerca de la vieja casa todavía estuviera allí. Siempre paraba ahí después de la escuela para coger un bocadillo. No vendían mucha comida, pero siempre podía conseguir caramelos o un refresco y siempre tenían mis favoritos: Slim Jims. Y si hurgaba en la parte de atrás de su refrigerador, podía tener suerte y encontrar el último paquete de mortadela, que era casi como comida real.

Pienso en cómo están configurados los niños hoy en día y me sorprende. Es tan diferente a como yo crecí. Tienen una despensa llena de comida, un millón de opciones. Yo no tenía ninguna opción. No teníamos despensa. Teníamos un estante. Ahora todo el mundo tiene una pequeña habitación separada llena de estanterías repletas de todo tipo de comida imaginable: panes y pasteles y todo tipo de bocadillos, incluyendo diez variantes de palomitas de maíz (dulce-saladas, con caramelo, saladas, sin sal, con azúcar, ahumadas, con jarabe de arce, con jalapeño, lo que quieras) y una variedad de papas fritas, galletas, galletas saladas y bebidas, cajas de jugo y todo tipo de refrescos. En la cocina tienen cuartos frigoríficos llenos de carnes frías, quesos, cinco diferentes tipos de leche y un millón de tipos de yogur. El congelador está lleno de bocadillos de pizzas, bocadillos de pita, macarrones y queso, sándwiches helados Klondike, paletas de helado de agua y de crema, cajas de Haagen-Dazs, todo tipo de delicias congeladas.

Nosotros teníamos un pequeño refrigerador con un congelador minúsculo. Abrías el congelador y había un pez que alguien había pescado y que nadie se quería comer. No importaba lo desagradable que se viera, mi abuela no tiraría el pez a la basura. Luego hurgabas un poco y encontrabas unos tamales de como 1972 y unos bisteces que se habían puesto verdes y parecía que habían comenzado a crecerles piernas.

También conseguiría trabajo. Una cosa es segura. No tendría el mismo trabajo que tenía en la secundaria. Trabajaba en un restaurante de pescado y papas fritas en San Fernando. De ninguna manera haría eso de nuevo.

Mi trabajo consistía en cocinar el pescado, que era una especie de pescado blanco que llamábamos bacalao. Primero, hacía el empanizado. Luego cortaba el pescado, lo untaba en el empanizado, lo freía, lo sacaba y lo servía. Mi jefe, un tipo viejo y delgado al que llamaré Joe, me gritaba si se me caía algo del empanizado al suelo o tiraba a la basura lo que sobraba. Él llamaba "crocante" al empanizado.

—Oye, ¿estás loco? No tires el crocante. A algunos clientes les gusta.

Si lo ordenaban, le daba a esos clientes el empanizado, sólo el empanizado, sin pescado, y les cobraba la mitad del precio. Les ponía el plato delante, ellos cogían el crocante con los dedos y juro que podía ver sus arterias tapándose.

Comencé a trabajar en el lugar de pescado y papas fritas una semana antes de empezar el décimo grado. El primer día de clases me senté en la sala y el chico delante de mí dijo:

—¿Alguien huele algo? Huele a pescado.

El chico olfateó el aire y luego se dio la vuelta y me olió.

—Eres tú —dijo—. Hueles a pescado. Es repugnante. A partir de ahora, te voy a llamar Gilligan.

Durante el resto del día, cada vez que saludaba a alguien en el pasillo o en la clase, me decían: "¿Qué hay de nuevo, Gilligan?", o "¿Cómo va, Skipper?".

Después de la escuela fui al sitio de pescado y papas fritas y busqué a Joe.

—Renuncio —le dije.

—¿Sabes qué? —dijo Joe—. Ustedes chicos todos renuncian.

—¿Quieres saber por qué? Olemos a pescado.

—¿Y qué? Yo también huelo a pescado.

—Sí, pero tú no estás en la secundaria.

—Al diablo con la secundaria. No terminé la escuela secundaria y mira cómo terminé.

Eso era todo lo que necesitaba decir. Salí de allí.

Así que, sí, definitivamente conseguiría trabajo, pero me gustaría trabajar como vendedor. Me gustaría trabajar en Walgreens o tal vez Kmart o Target. O tal vez podría convencer al tipo de la tienda de licores para que me contratara. Llenaría una solicitud. Espero que me contrate porque entonces me podría ir caminando al trabajo y quizás me daría un descuento de empleado. No me fascinaría usar uniforme, pero me adaptaría. Esa es otra cosa. Los chicos no tienen que usar uniformes para trabajar. Se pueden vestir de la manera que deseen. En todos los trabajos de los que estoy hablando, hay que usar uniforme. Eso me gustaría.

No sólo haría esto, creo que todo el mundo debería hacerlo. Especialmente los chicos. Miro hacia atrás en mi vida y me siento muy agradecido, incluso por sólo haber llegado a los cincuenta. No estoy seguro de que los chicos entiendan ese concepto: la gratitud. Sé que son demasiado jóvenes para apreciar la buena vida que muchos de ellos tienen. Espero que algún día lo hagan, mucho antes de que cumplan cincuenta.

Creo que tiene que ver con que sus padres tienen mucho dinero y no permiten que sus hijos sepan lo que se siente *querer*. Cuando era niño, yo quería mucho. Quería ir a lugares y quería comprar cosas. Le pedía a mis abuelos pero ellos invariablemente no me daban las cosas que quería. Ellos no estaban tratando de ser malos o enseñarme una lección. Simplemente no tenían el dinero.

Aprendí a entretenerme a mí mismo, cosa que no me importó. Dame una pelota de goma y mi guante de beisbol y puedo entretenerme durante horas.

Mi guante de beisbol siempre fue mi posesión favorita. Lo compré en Kmart, no en Big 5 o alguna lujosa tienda de artículos deportivos, pero no importaba, porque sabía que cuando lo hubiera usado un tiempo, mi guante tendría el mejor bolsillo entre todos los guantes del barrio. Tan pronto como llegaba a casa con él, lo sumergía en un balde de agua. Luego ponía una pelota de beisbol en el bolsillo y amarraba el guante con uno de mis cinturones lo más apretado que podía. Lo dejaba así toda la noche. Por la mañana, quitaba el cinturón, sacaba la pelota y engrasaba el bolsillo con loción para manos. Entonces me ponía el guante y golpeaba el bolsillo con mi puño, o utilizaba una pelota de beisbol, durante toda una semana. Nunca dejé de golpear el bolsillo de mi guante. Escupía en él, frotaba la saliva, luego lo doblaba, lo torcía, lo metía debajo del sillón y me sentaba sobre él. Finalmente, el bolsillo del guante era tan flexible y suave que cualquier pelota de beisbol que bateaban o lanzaban hacia mí se acurrucaba justo ahí, *swak*, como si volviera a entrar en su vientre de cuero.

Para entretenerme, me ponía el guante, me sentaba en el sofá, que daba al pasillo y el armario, y lanzaba una pelota de goma contra la puerta del armario. Rebotaba hacia mí. La atrapaba, la tiraba de vuelta, rebotaba, la atrapaba, la tiraba de vuelta, rebotaba, la atrapaba, la tiraba de vuelta. Durante horas. No me levantaba del sofá jamás. Si agarraba ritmo, ni siquiera cambiaba de posición. Apenas tenía que moverme. De vez en cuando mi abuelo pasaba caminando y le pegaba en la cabeza. Yo estaba tan concentrado que no lo veía.

TWAP.

—¡Ay!

—Lo siento.

—¿Cuántas veces tengo que decírtelo? ¡No juegues a la pelota dentro de la casa! Le vas a sacar un ojo a alguien.

—Lo siento.

Pero él se limitaba a sacudir la cabeza, me tiraba la pelota de vuelta, seguía caminando y yo seguía jugando...

Tira, rebota, atrapa, tira, rebota, atrapa...

No creo que pueda lograr que un niño se ponga un guante de beisbol hoy en día, a menos de que fuera un controlador y lo estuviera moviendo para jugar Wii o Playstation.

Veo a los padres programando la vida de sus hijos todo el tiempo, llenando cada segundo de su tiempo libre. No me refiero sólo a los veranos, sino a las vacaciones de primavera también. Envían a sus hijos a lugares exóticos del mundo durante una semana. Los padres pasan horas en la computadora buscando campamentos de una semana, o viajes, o pasantías en lugares como Hawái.

Nosotros no íbamos a ninguna parte. Si hacía calor, iba a nadar, cosa que odiaba porque no tenía traje de baño. Nadaba en pantalones cortados. No hay nada peor que cuando saltas en la piscina y justo antes de entrar al agua te das cuenta de que tu billetera está en tu bolsillo trasero y...

SPPLASSSSH.

Sí, un montón de niños son mimados.

Recuerdo cuando era niño y jugaba en el patio trasero en los días calurosos de verano. A medida que el día avanzaba, empezaba a anticipar la llegada del heladero. Vivía para el heladero. Oír el sonido de esa melodía avanzando por la calle me hacía el día. Pero había que mantener los oídos atentos y no distraerse, porque era posible que se te pasara.

Estaba en el patio jugando a la pelota o algo así y oía el tintineo del camión de helados en la distancia y dejaba de hacer lo que fuera que estuviera haciendo.

—¡Es él! Oh, espera, no, no es él. Bueno, ¿en qué estábamos? ¿Cuántos *strikes* llevas? ¿En qué va el conteo? ¡Espera! ¡Ese es él!

Tiraba mi guante y la pelota, y salía corriendo del patio trasero. Levantaba el pestillo de la puerta y...

¡NOOO!

¡El pestillo estaba atascado!

La puerta estaba atorada. No se podía abrir.

Tiraba de la puerta con todas mis fuerzas. La pateaba, la jalaba con ambas manos, hacía un ruido sordo, hacía *crrrra*, crujía, chirriaba y finalmente se abría.

Salía corriendo del patio a la parte delantera de la casa, justo a tiempo...

Para ver la parte trasera del camión de los helados desaparecer por la esquina.

Se me había pasado.

No pasaba todos los días. Era viernes, era posible que no pasara de nuevo hasta el lunes o martes o tal vez no volvería a pasar por nuestra calle, todo porque EL CHICO QUE SUELE COMPRAR HELADO NO APARECIÓ.

Sí, me gusta mucho la idea de vivir en nuestra antigua casa, la casa de mi abuela. Ella me la dejó a mí. Ya hace casi trece años desde que murió.

Es gracioso. Cuando cumples cincuenta, empiezas a pensar en cosas que no habías pensado en años. Ciertos momentos se te vienen a la cabeza y empiezas a recordar.

Últimamente, he estado pensando mucho en mi abuela.

Cuando comencé mi programa de televisión, iba a su casa los sábados por la mañana y ella cocinaba para mi. Me sentaba en la mesa del comedor y leía el periódico. Ella iba a la cocina y hacía tortillas, y luego cocinaba unos huevos y freía unas papas y añadía un poco de chorizo. Ponía los huevos, las papas y el chorizo dentro de una tortilla, la doblaba como una servilleta, ponía un par en un plato y me lo traía. Ella se sentaba conmigo y me observaba comer. No decía nada. Cuando casi había terminado, decía:

—¿Quieres más?

—Dos más —decía yo.

Ella iba de vuelta a la cocina y al poco rato regresaba con dos tortillas más en mi plato. Ella se sentaba de nuevo mientras yo me las comía y después de un rato, me preguntaba:

—¿Quieres más?

—Sí, sólo dos más —decía yo y ella se levantaba otra vez, y entonces tenía una mirada en su cara, una mirada que no era más que pura *alegría*, y se iba a la cocina otra vez y al poco rato me traía dos tortillas más.

Pasamos cada sábado por la mañana así, los dos, estando un rato juntos. No decíamos mucho. No necesitábamos hacerlo. Simplemente... estábamos. No me di cuenta entonces de lo especial que fue ese tiempo. No te das cuenta de lo especial que es algo hasta que se ha ido.

No voy a mentir. Cumplir cincuenta años fue difícil. Pero al menos lo hice. Y una cosa he aprendido. No mires hacia atrás. Mira hacia adelante. Y yo lo estoy haciendo. Tengo muchas ganas de seguir adelante con mi vida e incluso cumplir... ¿*sesenta*? ¿Me estás tomando el pelo?

Eso suena *muy* viejo. Pero, ¿sabes qué? Conozco a un montón de gente que ha cumplido sesenta años y está muy bien. Dr. Phil, por ejemplo. Él está más fuerte que nunca. Dijo que cuando cumplió los sesenta se dio cuenta de que tres cuartas partes de su vida probablemente habían terminado, así que decidió que lo mejor era celebrar y divertirse. Así que si hay algo que quieres hacer, es mejor que muevas el culo y lo hagas.

¿Y Liam Neeson?

Este tipo cumplió los sesenta y se convirtió en el héroe de acción número uno en las películas. A los *sesenta*.

Eso me da esperanza.

No, yo no quiero ser un héroe de acción como Liam Neeson. Cuando cumpla sesenta, espero estar relajándome en mi sofá, viendo a Liam Neeson en mi televisor de pantalla grande, corriendo para salvar a sus bisnietos en *Taken 13*. Y realmente voy a divertirme porque cuando tenga sesenta, él y el Dr. Phil tendrán *setenta*.

Pero, por ahora, a los cincuenta, he aprendido a vivir el momento y a disfrutar de las pequeñas cosas, tales como:

-Mi despensa, que está equipada con todo lo que me gusta comer, incluyendo un congelador lleno de todo tipo de helados que nunca tuve cuando era niño, especialmente cuando se me pasaba el camión de los helados. Creo que me voy a comer un Drumstick o dos ahora mismo, y no me importa que sea medianoche. En realidad, no debería comerme un helado en absoluto, porque cuando cumplí cincuenta años me convertí en intolerante a la lactosa.

-Mi nueva bañera con el chorro de jacuzzi y la puerta lateral que se abre como un coche. Entro, disfruto mi jacuzzi y salgo. No le digas a RJ.

-Mis jeans talla treinta y seis. No voy a mentir. No quepo en una talla treinta y cuatro, así que ¿para qué matarme tratando de hacerlo? De esta manera, si me dejo llevar un poco, ¿qué tiene? He permitido un buen margen de flexibilidad en la cintura.

-Mis jeans talla treinta y ocho. En caso de que estuviera mintiendo acerca de los treinta y seis.

-Fajas modeladoras Spanx para hombres. La invención más grande para tipos de mi edad, a excepción quizá de la bañera con puerta.

-Mi cómoda pijama de franela, mi suave bata de baño, mis calcetines de compresión, mi nuevo teléfono inteligente de letra grande...

¿Sabes qué?

Olvídate de las pequeñas cosas. Están empezando a encabronarme.

Tengo cincuenta años y todavía estoy aquí y estoy empezando a amar esta vida.

Tú también deberías hacerlo.

Ama quien eres, de dónde eres y la edad que tienes.

Eso es todo lo que tengo que decir...

Y es la verdad.

AGRADECIMIENTOS

Tanta gente aportó sabiduría, conocimiento y apoyo durante el proceso de escribir este libro. Les doy las gracias a todos ustedes. En particular, estoy en deuda con:

Todo el mundo en Penguin Group y Celebra, especialmente Raymond García, nuestro brillante y persistente editor, y Jennifer Schuster, nuestra maravillosa editora.

Mis agentes literarios y representantes y el equipo directivo, quienes siempre me han respaldado: Steve Smooke, Christy Haubegger, Nick Nuciforo, Dave Bugliari, Kevin Huvane, Rob Light, Christian Carino, Michael Rotenberg, Richard Abate, Lester Knispel, Rob Marcus e Inna Shagal.

Ina Treciokas y Young Charlene, mis genios de relaciones públicas en Slate; Linda Small, quien dirige la Fundación Lopez, Leslie Kolins-Small, quien está al mando de mi compañía de producción, y Don y Matt Walerstein, quienes manejan mis asuntos legales.

AGRADECIMIENTOS

Paratore, mi confidente y hermano, quien falle-
29 de mayo de 2012. el Dr. George Fischmann, mi
:o de cabecera, que me hace seguir adelante, sobre
ahora que tengo más de cincuenta.

Todo el personal en el Château Marmont, quienes se
cargaron de nosotros y nos permitieron pasar horas
lí mientras escribíamos el libro.

Mi equipo local, Clarice Amato, Edith Molina, Miguel
Meneses y Carolina Alvarez. Son lo mejor.

Mi círculo de amigos cercanos, que me hace reír
y me mantiene cuerdo, incluyendo a mi tour manager
y amigo, RJ Jaramillo, Bryan Kellen, Ernie Arellano,
Arnold Veloz, Anthony Anderson, Don Cheadle, Sandra
Bullock, Carlos Santana, Arsenio Hall, Lee Trevino, Eva
Longoria y Jennifer Pryor.

Por último, quiero honrar la memoria de tres personas muy especiales que siguen inspirándome: Freddie
Prinze, Richard Pryor, y mi abuela, Benne Gutiérrez.